灵岩寺千佛殿研究

■ 王 晶 / 著

济南出版社

图书在版编目（CIP）数据

灵岩寺千佛殿研究 / 王晶著 . -- 济南：济南出版
社，2025.1. -- ISBN 978-7-5488-6696-1

Ⅰ . K879.34

中国国家版本馆 CIP 数据核字第 2024V3E758 号

灵岩寺千佛殿研究

LINGYANSI QIANFODIAN YANJIU

王 晶 著

出 版 人 谢金岭
出版统筹 胡长粤
责任编辑 穆舰云
装帧设计 戴梅海
书名题字 赵崇立

出版发行 济南出版社
地 址 山东省济南市二环南路 1 号（250002）
编 辑 部 （0531）82774073
发行电话 （0531）67817923 86018273
86131701 86922073
印 刷 济南鲁艺彩印有限公司
版 次 2025 年 1 月第 1 版
印 次 2025 年 1 月第 1 次印刷
开 本 170mm×240mm 16 开
印 张 11.75
字 数 151 千
书 号 ISBN 978-7-5488-6696-1
定 价 98.00 元

如有印装质量问题 请与出版社出版部联系调换
电话: 0531-86131736

简　介

　　山东以儒家文化和泰山文化而闻名，它们凸显了齐鲁大地的文化特色。泰山位于山东省中部，这里文化底蕴深厚，既有史前文化遗存，更有秦皇汉武的封禅遗迹。同时，山涧沿线坐落着众多道观和佛教寺院，共同构成了内涵深厚的泰山文化，在世界文化史上享有盛誉。灵岩寺位于泰山西北部的灵岩山脚下，是一座具有一千六百年历史的古老寺院，文化底蕴深厚，也是山东省最早的佛教道场之一。

　　灵岩山原名方山，又名玉符山，因为山顶平坦，四壁如削而得名。山的东面十分陡峭，分布着众多景点，如拂日岩、可公床、白云洞、一线天、朗公石、饮虎池、虎跑泉、朗公泉等，不胜枚举。方山两侧有的地方像蛟蛇蜿蜒，有的地方似蹲狮卧象。无论远观还是近赏，此山总是令人赏心悦目、心旷神怡，山间清泉潺潺，溪流蜿蜒清澈，苍松翠柏郁郁葱葱、芬芳馥郁。这些景点宛如一个个美妙的音符，共同谱写出一曲完美的乐曲。这里佛教文化底蕴深厚广博，游人可以在此感受并饱尝历史文化的盛宴，领略建筑、造像、碑刻、名人诗词等历史文化内涵。

　　山东济南灵岩寺千佛殿是寺院现存建筑布局中的主殿，是诸座殿宇中规模最大、等级最高、时代特征最明显、承用早期构件最多的一座建筑载体，其营造规范、规模庞大，在中国古建筑宝库中占有重要地位。殿内正面奉祀三尊大佛，后置观音菩萨一尊，四周壁坛安放小型木佛，周围摆放着40尊彩色泥塑罗汉像，这些造像由藤条、铜、铁、木和泥雕铸而成。它们曾遭受过历史上的兵变和世事变故，历尽沧桑和数次劫难，幸存至今实属不易。它们是中国佛教文化中的一部分，更是中华民族造像艺术宝库中的精华，特别是彩色泥塑罗汉像，在中国雕塑史、美术史、艺术史上占有重要地位。挖掘、研究这些造像的创作年代、艺术风格、历史演变及维修状况，分辨每尊造像所留下的时代信息，还原造像的艺术面貌都具有重要意义。

Introduction

Shandong Province is renowned for its unique Confucian culture and the culture of Mount Tai, highlighting Shandong cultural characteristics. Mount Tai is located in the central part of Shandong Province, boasting rich cultural heritage. There are remains of prehistoric culture and the relics of the inscriptions by the emperors from the Qin Dynasty to the Han Dynasty here. At the same time, a lot of Taoist temples and Buddhist cultural relics along the streams in the mountain constitute the culture of Mount Tai with profound connotations, enjoying a good reputation in the world cultural history. Lingyan Temple is located at the foot of Lingyan Hill which is in the northwest of Mount Tai. It is an ancient temple with profound cultural connotations and a history of over a thousand six hundred years, which is one of the earliest Buddhist temples in Shandong Province.

Lingyan Mountain, originally named Fangshan and also known as Yufu Mountain, derived its name from its flat summit and steep, cliff-like sides. In the east, the hill is very steep containing a large number of scenic spots such as Sun Rock, Kegong Stone Bed, Baiyun Cave, Thin Strip of Sky, Langgong Stone, Tiger Drinking Pond, Tiger Digging Spring, Langgong Spring, to name but a few. Some part of Fangshan Hill is shaped like a coiling dragon or a winding snake, and some part is like a squatting lion or a crouching elephant. No matter view the hill from a distance or appreciate it beside us, it is always a feast for the eyes, with lucid springs, crystal-clear winding streams as well as lush and fragrant pine and cypress. These scenic spots are like some beautiful notes combined together, forming a perfect concerto. There is extensive and profound Buddhist culture here, where one can feel and enjoy a feast of history and culture, appreciating the architecture, statues, tablet inscriptions, celebrity poems and so on which are the historical and cultural classic works.

The Thousand Buddha Hall of Lingyan Temple is located in Jinan City, Shandong Province. It is the main hall in the existing architectural layout, which is an carrier with the largest scale, the highest grade, the most time features and early architectural components comparatively. The Thousand Buddha Hall is constructed rigorously, playing an significant role in the history of ancient architecture in China. On the front of the hall, three large statues of Buddhas are enshrined on the altar. On the back is the statue of Guanyin Bodhisattva facing the north. And there are some small wooden Buddha statues in the wall as well as 40 colored clay arhat statues placed around the Thousand Buddha Hall. These Buddhist statues are carved from rattan, copper, iron, wood as well as mud. It is not easy to survive for them because they have suffered from mutinies as well as other changes in the history and have experienced many vicissitudes and several disasters. They belong to a part of Buddhist culture and the cream in the treasure house of Chinese national statue art. In particular, the colored clay arhat statues play an important position in the history of Chinese art and sculpture histories. It is of great significance to study the creation ages, artistic styles, and the maintenance condition after lots of historical developments and disasters and to distinguish the era information left by each statue, in order to restore the appearance of the statue art.

目　录

引 言

　　灵岩寺，位于山东省济南市长清区万德镇境内，地处泰山西北，为世界自然与文化遗产——泰山的重要组成部分。灵岩寺始建于东晋；至隋唐时期，已具有相当规模；至北宋，扩建了寺院，宋末具备现今的规模；此后历代，寺院内建筑时有增补，但一直保持着现有的规模。

　　千佛殿（图1）是灵岩寺现存建筑中的主殿，是寺中诸殿宇中规模最大、等级最高、时代特征最为明显、承用早期构件最多的一座建筑。该殿营造规范，规模庞大，在我国古建筑宝库中占有一定地位。殿内正面奉祀三尊大佛，后面放置面向北的观音菩萨一尊，周围放置四十尊泥塑彩色罗汉像。这些造像的材质有藤、铜、铁、木、泥等，经过漫长的历史变迁，它们历尽沧桑和劫难，幸存至今实属不易，它们是佛教文化的一部分，更是中华民族造像艺术宝库中的精华。特别是其中的泥塑彩色罗汉像，在中国雕塑史、美术史、艺术史中都占有重要地位。挖掘、研究诸尊造像的始创年代、艺术风格、历史演变及历次劫难后的维修状况，分辨每尊造像遗留的时代信息，还原造像的真实面貌，对研究佛教文化与中国雕塑史都有重大意义。

　　灵岩寺作为泰山山脉早期佛教寺院之一，历史上曾遭受过兵燹、"灭佛"事件等诸多劫难，但每次变劫后它都能得到复兴和发展。在这里，佛教文化一直延续，至今已绵延流传1600多年，代代相承。唐玄宗天宝元年（742年），时任灵昌郡太守的李邕撰写的"灵岩寺碑颂并序"（图2）。该颂碑载，"晋宋之际，有法定禅师者"，始置寺院主体建筑之道场于东部的甘露泉西①，史谓灵岩寺开山第一祖。人们沿饮马沟底北边登攀，自鲁班洞遗址（图3）入寺，向北可进入千佛殿，从侧面至般舟殿遗址（图4）后再向东北行，可至甘露泉西的初置道场遗址（图5）。唐武宗李炎推行了一系列"灭佛"政策，以会昌五年（845年）四月颁布敕令为此波灭佛运动之高峰，史称"武宗灭佛"。唐武宗"灭佛"事件使佛教在中国受到严重打击，导致灵岩寺东部初置寺院被毁，之后初置寺院处再也没有大的起色，建筑物渐次荒颓，终为历史所湮没。

唐武宗"灭佛"事件使鲁班洞遗址内的李邕颂碑被毁去三分之一，颂碑断石为二，坐卧于泥土中②。宋景德年间（1004—1007年），长清县尉张公亮撰写《齐州景德灵岩寺记》时未看到李邕的颂碑，遂以方山之阴神宝寺"大唐齐州神宝寺之碣"（图6）"明以正光元年象运仲秋，於始振锡登临……遂表请国主，驱策人神，立此伽蓝，以静默为号"附会于灵岩寺，首提"后魏正光元年法定师始置（灵岩）寺"。后人在漫长的历史时期内都采用了这种错误说法，因此这个错误认知就传下来了。宋代赵明诚（1081—1129年）于大观三年（1109年）九月十三日、政和三年（1113年）闰月六日、政和六年（1116年）三次专访③（图7）灵岩寺，他看到了李邕颂碑残部，未能目睹碑文全文，且残文只识"唐灵岩寺颂，李邕撰并行书，天宝元年十一月十五日"④。颂碑的残损久卧，标志鲁班洞山门功能的消失，当时通常东行拾级攀爬填沟渣石陡坡进入寺院。唐天宝（742—756年）前期始建千佛殿，当时殿址三面临崖，于是施工者凿岩取石，并将大量渣石填入南邻沟壑，这也为宋代开始有计划、有布局地在今址大规模营建寺院提供了场地。宋代晚期，天王殿以北的建筑布局初具规模，标志着寺院道场彻底迁移至今址，佛教活动中心也全部置移，从此改道饮马沟南侧进入寺院，形成现今的灵岩寺格局。千佛殿为唐玄宗天宝前期所创建，当时已有早期文物鲁班洞遗址、祖师塔（图8）、般舟殿遗址，它们应是北朝

---

① 〔清〕马大相：《灵岩志》，山东友谊出版社1994年版，第45页。
② 王晶：《唐"灵岩寺碑颂并序"碑考》，《泰山学院学报》2021年第3期，第34页。
③ 〔宋〕王逵："齐州灵岩寺千佛殿记"，碑刻。
④ 〔宋〕赵明诚：《金石录》卷七。

时期寺院主体西侧的单体建筑遗存。特别是般舟殿［其遗址出土北齐石佛首（图9）、北齐观音石首（图10①）、北齐柱础（图11）］，它始建于北齐，这进一步证实了现今道场非《灵岩志·殿阁》所载"原建之寺，在今寺东北，唐贞观初……慧（惠）崇长老改迁今寺"之说。由此可见，唐代灵岩寺主体道场尽管在甘露泉西，西侧的山门建筑、殿宇和墓塔，都是早期寺院建筑的组成部分。通过这些遗存建筑，我们可以看出寺院初建时期的空间规划和设计。

---

① 李裕群：《灵岩寺石刻造像考》，《文物》2005 年第 8 期，第 79—87 页。

图 1　灵岩寺千佛殿

图2 唐代李邕"灵岩寺碑颂并序"碑拓片

图 3 鲁班洞遗址

图 4 1995 年般舟殿遗址发掘现场

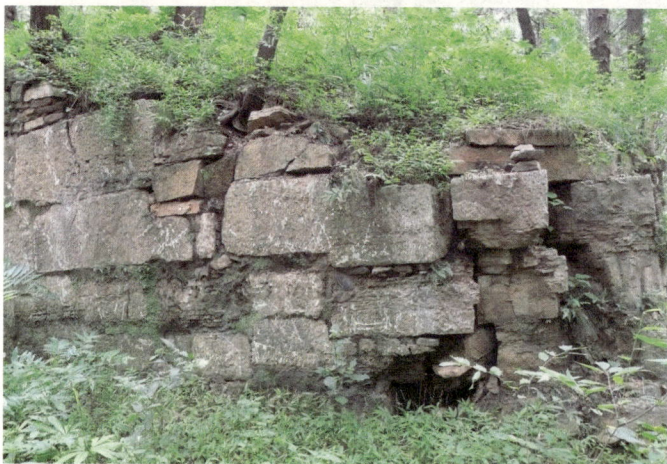

图 5 初置道场遗址的大殿台基

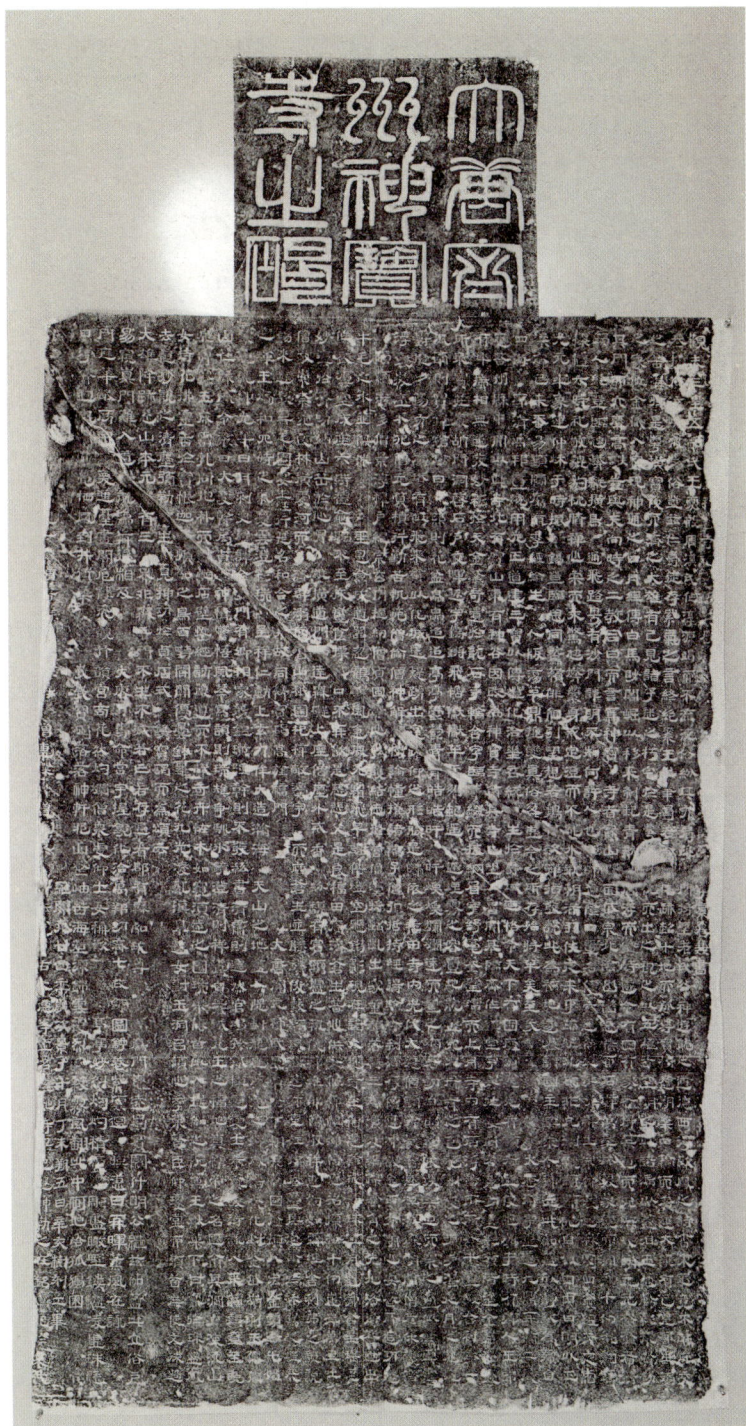

图 6 "大唐齐州神宝寺之碣"拓片

图 7　宋代赵明诚 "灵岩寺题记"

图 8　墓塔林之祖师塔

图 9　般舟殿遗址出土的北齐石佛首

图 10 般舟殿遗址出土的北齐观音石首

图 11　般舟殿遗址出土的北齐柱础

第一部分

千佛殿建筑

一、营建时代背景

　　南朝承自东晋。公元420年，刘裕代晋称帝，改国号"宋"，史称"刘宋"，自此南朝开始，中国历史进入南北朝时期，山东黄河以南地区转由刘宋政权统治。刘宋政权在山东地区的统治维持了近五十年。大约在东晋和南朝刘宋交替之际（约420年），法定禅师始建灵岩道场，他被视为灵岩寺的开山祖师。南朝宋元嘉九年（432年），刘宋政权侨置冀州，治历城。北魏太武帝于太平真君七年（446年）下诏灭佛，很多寺院遭到破坏。由于

图 12　鲁班洞遗址的洞侧立壁

灵岩寺所在地为南朝刘宋所属，这次法难并未殃及灵岩寺。法定禅师时期创建的鲁班洞洞券立壁^{（图12）}及祭台至今尚存。北齐时灵岩寺兴盛发展，在鲁班洞洞券立壁上起券拱、辟墓室^{（图13）}、置石狮^{（图14）}、祭台上筑殿基、殿基上置石柱础^{（图15）}，说明山门殿宇工程被二次承建，般舟殿初建。北周武帝于建德六年（577年）灭佛，鲁班洞殿堂、般舟殿遭到毁坏，仅剩石柱、台基留存，石龙、石栏杆、石灯遗散到各处。经过此次灭佛运动，灵岩寺遭到重度摧残，至今仍存在的有鲁班洞遗址、般舟殿遗址和祖师塔，还有石灯柱^{（图16）}、石龙^{（图17）}、石望柱^{（图18）}等雕琢品遗存。

《续高僧传》卷十八载：隋代开皇"十四年（594年），柴燎岱岳，迁（释县迁）又上诸废山寺并无贯逃僧，请并安堵，帝又许焉……又敕河南王为泰岳神通道场檀越，即旧朗公寺也；齐王为神宝檀越，旧静默寺也；华阳王为宝山檀越，旧灵岩寺也"。隋文帝将三处寺院皆敕额更名，其中灵岩寺被更名为"宝山寺"（至唐代恢复旧称），并指定其皇孙分别为神通寺、神宝寺、宝山寺的檀越，显示出隋朝廷对三处佛教道场的高度重视和扶持。此间，从朝廷到民间，出现了自上而下的筹划募捐活动，灵岩寺收到大量资助，得到空前发展。

《续高僧传》卷十五载：灵润"闻泰岳灵岩寺僧德肃清，四方是则，乃杖策寻焉。既睹副师遂从谘训，乃习般舟行定，无替。晨昏初，经三七情事

图13 鲁班洞遗址的洞券、墓门结构

图14 鲁班洞遗址的石狮

图 15 鲁班洞遗址的北齐石柱础

图 16 北朝石灯柱

图 17　初置道场遗址的石龙残体

图 18　唐代以前的石望柱

略疲，自斯已后顿忘眠倦，身心精励，遂经夏末。于时同侣五百余人，各奉行之互相敦励。至于解坐同行无几，惟润独节秀出，情事莫移"。上述文字记载了隋代时灵岩寺禅宗道场修行的具体情形和灵润认真规范、意志坚强的品质。当时灵岩寺有僧人五百余人，队伍庞大，管理制度严密。隋代慧肖、慧斌、灵润、道因等高僧的出现，使灵岩寺发展为一处备受朝廷关照的大型规范名寺。

南北朝时期战乱频繁，灾害重重，大众面对饥寒、病痛等种种苦难无能为力，希望出现具有超现实能力的"救世主"，他们狂热地表现出对观世音菩萨的崇拜。隋代国家统一，社会稳定，拥有相对良好的社会生存环境和经济条件。隋文帝连续两次巡幸灵岩寺，并于开皇十四年为它敕额更名。由于观音菩萨法身职能与灵岩寺宗派法脉高度契合，灵岩寺高僧辈出，时有观音菩萨瑞迹祥兆出现，这些都被高僧写进了经书里。灵岩寺在管理上遵循戒律清规、秉持静修风尚，故深受皇恩惠泽，于开皇十四年形成"观音菩萨道场"（图19）[1]，随之复兴起来，营造兴起，五百僧侣的团队折射出寺院规模的庞大，展现出当时寺院的繁荣。

"灵岩寺碑颂并序"载："（唐）高宗临御[2]之后，克永光堂，大悲之修，舍利之□，报身之造，禅祖之崇，山上灯□□切宇内，舍那之构，六身铁像。次者，三躯大□金刚□□增衮。远而望之，云霞炳焕于丹霄；即而察之，日月照明□□道，皆帝王之力，舍以国财……"由此观之，唐麟德二年（665年）"高宗临御"之后，灵岩寺修造了大悲观音菩萨阁（殿）；唐仪凤年间（676—679年）灵岩寺营建了辟支佛牙舍利塔，建造了供奉卢舍那佛大殿和祖师殿；山上的长明灯将庙宇照耀得美丽明亮。同时，灵岩寺还铸造了卢舍那佛像、六尊铁像、三尊等级较低的护法金刚像，这些佛像的出现为灵岩寺的建筑锦上添花。至此，灵岩寺在隋代的基础上又得到进一步发展，从而进入鼎盛时期。颂碑碑文等古文献记载的很多内容至今在遗存的实物中还能找到，

---

① 王晶，王孜冰：《窥视灵岩历史上的"道场文化"》，《山东博物馆辑刊》文物出版社2023年版，第63页。
② 唐高宗李治与皇后武则天到泰山封禅前，驻跸灵岩寺十二天，下诏齐州免租赋一年半。

如观音殿、舍利塔、祖师殿、长明灯座、金刚像等，寺院现存的铁袈裟①便是铸造的护法金刚铁像的胯部。隋唐时期，灵岩寺得到快速发展，这是该寺继北周"灭佛"后的大型复兴，寺庙建筑"克永光堂"，"皆帝王之力，舍以国财"所实现。唐代朝廷对寺院的支持力度至天宝年间的慧崇禅师任期内仍然未减，于是在借助国力的情况下，灵岩寺营建了千佛殿。

图 19　宋代摩崖题刻"灵岩观音道场"

---

① 郑岩：《山东长清灵岩寺"铁袈裟"考》，《东方考古》（第 2 集）科学出版社 2006 年版，第 206—214 页。

二、结构现状

千佛殿_(图20: 1-7)坐北朝南，初建于东、北、西三面山体凿崖、南邻沟壑的高大台基[①]之上。现台基通长 32.32 米，通宽 19.88 米，南立面高 2 米，北立面高 0.5 米。大殿面阔七间，进深四间，单檐庑殿顶，覆以绿色琉璃瓦件及脊饰。正脊两端置高大气势的琉璃鸱吻[②]_(图21)，鸱吻的身躯呈直立状，俯首张口衔脊，凝眉瞪目，身躯布满祥云；正脊中间附着一条黄釉幼龙，生动活泼，尾部至顶做反卷曲状；正脊上部斜插剑把，外端伸出一幼龙，生动形象。琉璃鸱吻雄浑有力，雕刻苍劲，釉泽深沉，包浆溢满。正脊为脊筒子垒砌，形体高大，素面无饰。釉面存有三种状态——失釉、弱釉、新釉，为不同时期的遗物。四向戗脊构造与正脊同，体量比正脊略小，遗存情况与正脊亦同。戗脊下端置有戗兽_(图22)，戗兽首尾翘起，脖颈直挺，嘴巴高举，目视天空，前腿下蹲，利爪抓地，身尾扭动飘逸，俨然一条下蹲却欲腾空而起的龙，造型庄重大方，雕刻尽显苍劲，釉泽古朴。四条岔脊置走兽，自角梁端向后依次为仙人、龙、凤、狮、海马、天马_(图23)。这些走兽造型生动，形象威严，釉泽犹存，色泽沉厚，且有斑驳。走兽的数量应为奇数，现存的数量为偶数，应是后人重修时减去一尊。现存的岔脊走兽唯有东南隅的是原有作品，其余的皆为 1994 年维修时依原件仿制。四坡瓦面，只有北面部分保留着 1994 年维修前的筒板瓦原件，其余的筒板瓦、勾头滴水皆为维修时烧制。新烧制的筒板瓦比原件规格小一个型号，看上去比原来的

[①] 台基：基座，建筑物中，高出地面的建筑物底座。

[②] 鸱吻：由鸱尾发展演变而来，是带有短尾的兽头，口大张，正吞着屋脊，尾部上翘而卷起，被称为"鸱吻"，又叫"蚩吻"。

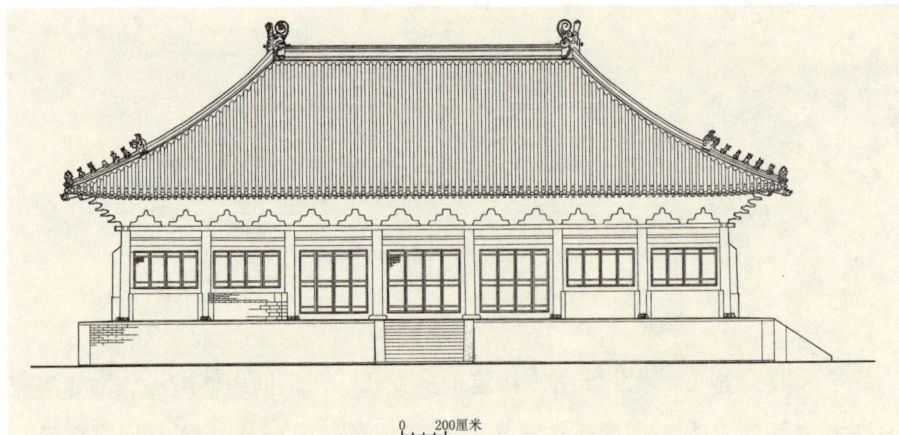

图 20-1　千佛殿南立面图

0　　200厘米

图 20-2　千佛殿北立面图

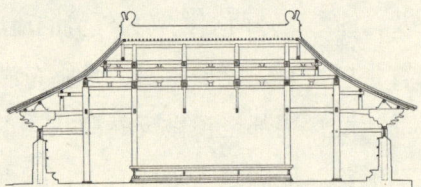

图 20-3　千佛殿纵剖面图

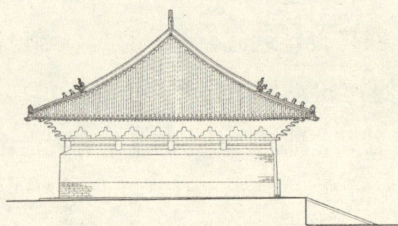

图 20-4　千佛殿西立面图

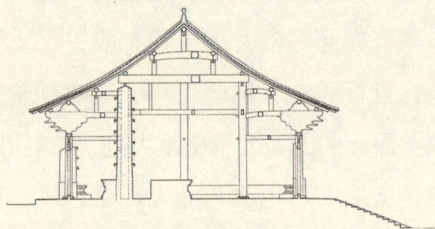

图 20-5　千佛殿横剖面图

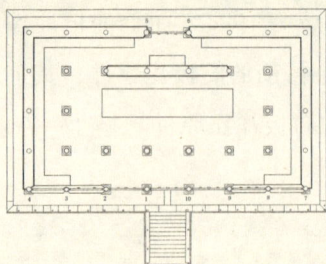

图 20-6　千佛殿平面图

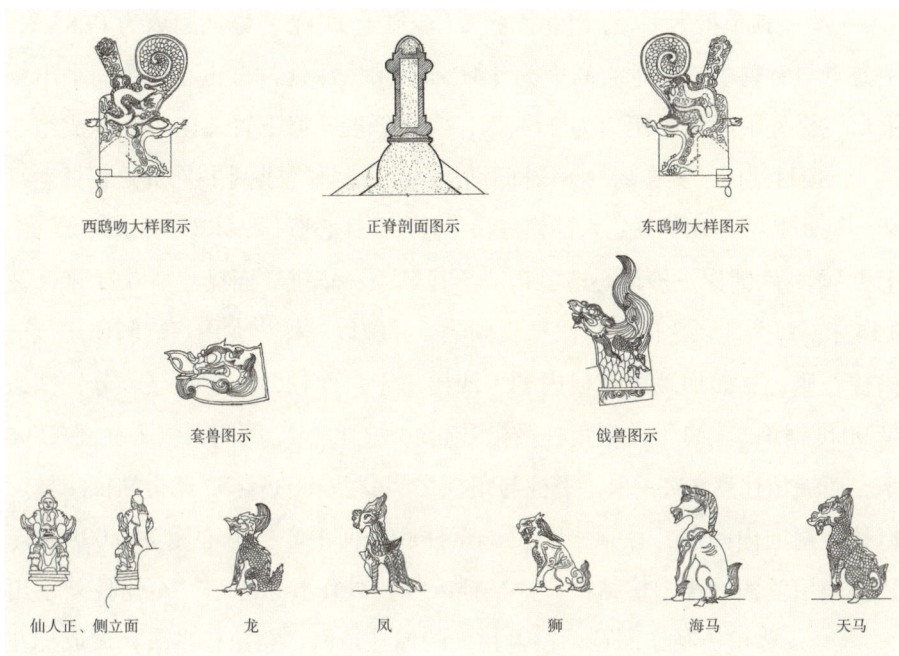

西鸱吻大样图示　　　　　　正脊剖面图示　　　　　　东鸱吻大样图示

套兽图示　　　　　　　　　　　戗兽图示

仙人正、侧立面　　　龙　　　　凤　　　　狮　　　　海马　　　　天马

图 20-7　千佛殿脊饰图示

图 21　正脊东端鸱吻

图 22　东南隅戗脊戗兽

差一些。屋顶举折①平缓，南北挑檐槫（令拱上）中心点之间距离为17.85米，中心点与脊槫中心的垂直高度为5.41米，出檐深远，自正心枋中间平出至檐口飞椽外端的水平距离为2.68米，实属舒展。檐下置疏朗硕大的成组斗拱②，用材甚广，其布局（图24）补间铺作一朵，尽显早期斗拱布局之特征。每朵斗拱外曳（图25）出三跳，六铺作三昂（假昂）计心造，昂体平出，昂咀琴面；里曳（图26）六铺作三抄计心造，拱头不显砍杀；华拱立面尺寸高0.21米，宽0.14米。每朵斗拱之间用拱眼壁板间隔，并施以三株火龙图案，制作规范。檐柱石质，立面加工成直棱内顚（凹槽）十六面柱，上下略显收分，柱头呈90度锯杀式。自平柱至角柱微微升起（图20-1、图20-2），明间西侧平柱高3.898米，西端角柱高3.934米，平柱与角柱之间高差0.036米。经全站仪测量，檐柱普遍向内倾斜，柱顶中心投影至柱底几何中心的偏心距为0.008米。柱头施用兰额、普拍枋结构。兰额插入柱头处作卷杀手法，至角柱外不出头（图27）；普拍枋制作面宽，覆盖粗大的檐柱顶面，至角柱出头，做成梅花状雕饰，二者制作极为精细。自兰额至斗拱上皮，皆施以彩绘，分别施斗拱彩绘与金线和玺彩绘。

四周檐柱，只有前檐檐柱和后檐明间两侧的檐柱显露，其余两山墙及后檐墙内的檐柱及柱础深藏墙体，不能目睹。檐柱可分为檐柱柱础和金柱柱础，它们从形体造型与莲瓣制作上均有差异。金柱柱础（图28）整体形象雷同，只是局部的纹饰雕刻有些差异，莲瓣高耸（高于锁唇平面）、凸显、丰肥、匀称，立体效果极强；础隅减地刻花卉，柱础锁唇直径在0.78—0.87米。檐柱柱础比较复杂，造型相异，形式多样，且有不同时期的作品。为便于论述，自明间西侧檐柱柱础始命为1号，顺时针方向显露之柱础，依次排号。东南隅7号檐柱柱础（图29）莲瓣下起八角台面，每角刻有凸起的圆形的小型花卉，柱础四隅雕有半球形浮雕，锁唇高耸，莲瓣凸显，雄浑古朴，形态凝重。雷同柱础还有大雄宝殿檐柱下的两个柱础（图30、图31）、五

---

①举折：屋面的坡度是由屋架的举高与建筑跨度的比值决定的。举折是中国古代屋脊坡面的设置方法，也称宋式举折。

②斗拱：中国建筑中特有的构件，是屋顶与屋身立面的过渡，它的功能是支撑所有扩展的屋檐，也是中国古代木构或仿木构建筑中最有特点的部分。

图 23　殿顶东南隅走兽

图 24　檐下斗拱布局

图 25　檐下外曳柱头
斗拱

图 26　檐下里曳斗拱

图 27　角柱柱头兰
额不出头

花殿东侧台地上的两个柱础（图32、图33）。后二者是原五花殿遗址西南隅回廊角柱北侧廊柱（图34）和台基西北隅角柱东临柱下的柱础（图35）。明间两侧的1号、10号柱础为龙凤追逐图案，龙为爬行疾走状，凤呈飞行状，两者之间有卷草或火球纹饰相连接。画面下有高山、大海的内容显示，础隅四角减地刻展翅鸟。檐柱柱础锁唇直径在0.8—0.92米，其形两两相同或相近，归纳起来有：1号同10号（图36），2号同9号（图37），3号同6号（图38），5号同8号（图39）。4号（图40）和7号（图29）独样。檐柱与柱础结构匹配。

图 28　金柱柱础

图 29　东南隅 7 号
角柱柱础

殿内梁架使用四椽栿，下附随梁枋，上置平梁，中置脊瓜柱。四椽
栿两端搭接二椽乳栿，四椽栿外端加工成建筑模数，直接搭置于柱头斗
拱上，外形雕饰成麻叶头，以示美观；乳栿上置搭牵，搭牵外端下立蜀柱，
顶托下金槫；两侧对称类出，构成一组完整缝架（图20-5）。脊槫伸出次间
外端，下设一小缝架。在两端中金槫处横向放置二椽栿的太平梁，脊槫
外伸端头下立雷公柱，构成梁架的"推山"式结构（图20-3），致使大殿正
脊加长，四隅戗脊、岔脊平面投影呈曲线状，增强了大殿线条的曲线美感。

图 30　大雄宝殿檐柱柱础 1

图 31　大雄宝殿檐柱柱础 2

图 32　五花殿东侧台地唐柱础 1

图 33　五花殿东侧台地唐柱础 2

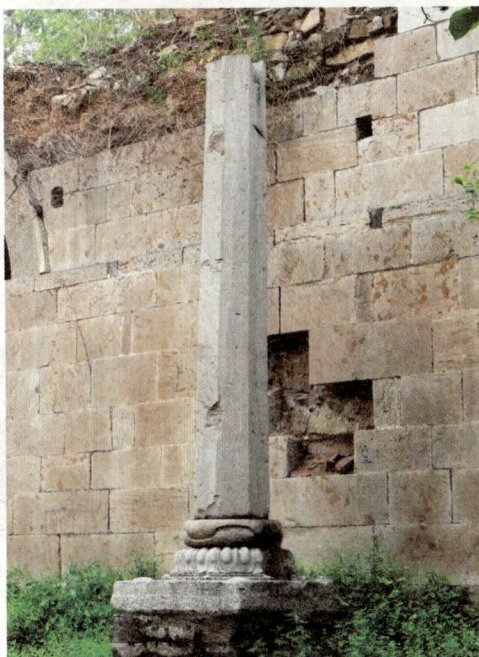

图 34　原五花殿西南隅角柱北侧廊柱

图 35　原五花殿西北隅角柱东侧柱础

图 36　1号、10号柱础

图 37　2号、9号柱础

图 38　3号、6号柱础

图 39　5号、8号柱础

图40 4号檐柱柱础

　柱网①是宋《营造法式》中的"金厢斗底槽"②式，减去了中心分柱，增大了佛教活动场所的空间。明间两侧金柱悬挂楹联："奇松尔日犹回向，诡石何心忽点头。"这句诗是清代乾隆二十二年（1757年）清高宗爱新觉罗·弘历首次驻跸灵岩寺为大雄宝殿题额"卓锡名蓝"时所配的楹联。檐下施以砖砌围墙，略有收分，上端削肩至兰额下结束。前檐明间、次间辟直棂方格隔扇门，稍间、尽间启直棂方格窗。后檐只有明间辟直棂方格隔扇门，无窗。

　　台基全部用规格石包砌。台明③用条砖横立漫铺，台沿施压沿石剪边，前沿有方形柱窝痕迹，应是有过栏板的安置。台基前设台阶踏道，面宽同明间面阔，垂带直对明间两侧的檐柱，象眼结构使用石板漫铺，制作非常规范。

---

　　①柱网：承重结构柱子在平面排列时形成的网格。

　　②金厢斗底槽：宋式大木作殿堂型构架的一种。金厢斗底槽是指在建筑外檐柱为主构成的槽内再设一圈屋内柱，形成内外两圈列柱的平面形式。

　　③台明：台基露出地面部分称为台明。

三、创建与历次重修

　　清代康熙三十五年（1696 年）刻本《灵岩志·高僧》载："慧崇，贞观中高僧也。灵岩寺旧在甘露泉西，崇移置于御书阁（千佛殿）处，规模宏壮，与定公相侔矣。"[①]是说，千佛殿由慧崇和尚创建于唐太宗贞观年间（627—649 年）。现存唐垂拱四年（688 年）"慧赜塔记"碑（图41）却载："……昔有慧赜禅师在此山门住持五十余载……"是说，自垂拱四年前数五十余年，即唐贞观前期，灵岩寺为慧赜所主持，而非慧崇。今置于五花殿东侧台地展示的唐开元十三年（725 年）石灯座（图42）镌有"慧崇"的法名，题记曰："大唐开元十三年十月廿五日岁次戊午乙亥朔比丘僧灵范敬造石灯台一所，上为皇帝皇后，下为师僧父母，法界苍生，咸成佛道。僧法明供养、僧慧藏供养、僧慧敬供养、僧玄景供养、僧慧崇供养、僧无为供养、僧法藏供养、僧智慧供养、僧法□……"从中可知，当时的住持僧是法明，慧崇只是掌事僧中的第五位，尚未充当住持僧。唐天宝元年（742 年）李邕"灵岩寺碑颂并序"碑末所示"上座僧（即住持僧）玄景"，在石灯座题记中排列于慧崇之前，应是慧崇和尚的前任，说明此时的灵岩寺住持僧是玄景，还不是慧崇。关于慧崇塔的始建年代，多料史载为唐玄宗天宝年间。清《灵岩志·高僧》载："经营于贞观中，涅槃于天宝初，寿近百岁，葬于寺西高原，墓塔尚在。"[②]1980 年，笔者参与维修慧崇塔。在清理一层塔身上部时，工作人员发现一块不规则的长形石块。这块石头长约 35 厘米，宽约 16 厘米，中间略宽，两端较窄，周体毛糙。石块的一面平如刀削，并被磨制抛光，

---

①〔清〕马大相：《灵岩志》，山东友谊出版社 1994 年版，第 35 页。
②〔清〕马大相：《灵岩志》，山东友谊出版社 1994 年版，第 35 页。

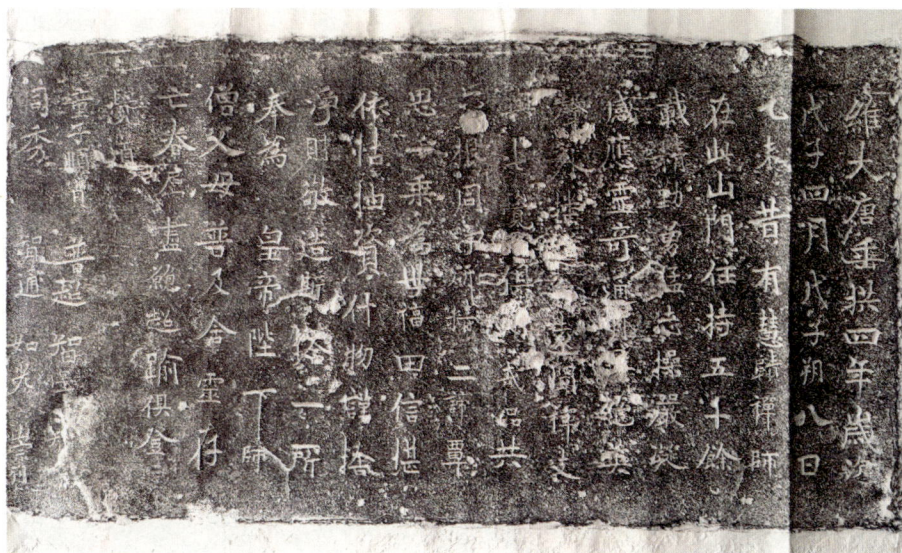

图 41　唐垂拱四年"慧赜塔记"碑拓片

图 42　唐开元十三年石灯座

用楷书刻有"大唐开元三十二年"几个字。字径约2.5厘米，字迹书写规范。笔者亲手将石块从塔体中拿出带到办公室，并放置于当时的临时文物库房，后因人事变动和库房移迁，该石块丢失。开元二十九年（741年）后唐玄宗便改年号"天宝"了，不知何故，该石块竟刻出"开元三十二年"。刻有"开元三十二年"题记的石块不是建造慧崇塔时所做的，上面为什么这样写，还有待进一步考证。另有慧崇塔一层塔身南门东侧刻有明万历十六年（1588年）七月东吴僧人真可的诗句："龙孟盛得玉泉流，法雨慈云处处周。崖树犹念天宝色，西风落叶不胜秋。"诗句反映了该塔曾有唐玄宗天宝年间的润色。按照石灯座掌事僧人的排序推断，慧崇于唐玄宗天宝年间接任主持是可信的，任期最多也只能在天宝二年（743年）至天宝十五载（756年）。故此，这些记载有力地否定了"唐贞观初……故慧崇长老改迁今寺①"之说。

《顾炎武全集·求古录》载："予至则当兵火之后，纵横偃踣，委之荆棘瓦砾之中，然犹得唐一、宋金元合四十余，元以后不能悉数。唐刻为天宝十一载造舍利函记。"顾炎武于清代顺治十五年（1658年）首次来到灵岩寺，当时他看到唯一的唐碑载有"天宝十一载造舍利函记"。舍利函是大型佛塔储藏舍利的盛器，非墓塔及功德性质的龙虎塔所具备。顾炎武来灵岩寺时，唐仪凤年间营建的辟支佛塔尚在，且寺院没有另外的舍利佛塔营造的记载。据此，出现大型佛塔规格的舍利函制造当是低等塔类效仿而为之。依慧崇塔的规模、制作及地理位置所示，慧崇生前应在寺院发展进程中做出过重要贡献。而在唐代，"高宗临御"之后的营建活动主要是千佛殿的始建。因此可以推断，慧崇和尚于其住持任内前期创建了千佛殿，后期居功自傲，为自己建造了高规格墓塔——侔祖师塔。该塔位置高上，体量宏大，慧崇运用汉白玉塔刹束腰仰莲构件的奢侈工艺，精心打造了大型佛塔级别的舍利函，用于盛放自己的遗骨并瘗埋于塔下。天宝十一载（752年）"造舍利函"，应是慧崇住持任期内为自己的墓塔所为。由此可知，慧崇应圆寂于天宝十一载之后的几年内，慧崇墓塔应竣工于天宝末期。

---

① 〔清〕马大相：《灵岩志》，山东友谊出版社1994年版，第29页。

会昌五年，唐武宗下令"灭佛"，"暨乎会昌五年，毁去佛□，天下大同，凡有额寺五千余所，兰若三万余所，丽名僧尼廿六万七百余人。所奉驱除，略无遗孑。惟此龛佛像俨□，微有薰□"。[①]这次"灭佛"对于灵岩寺的打击是空前的。从遗存迹象观察，甘露泉西的初置寺院中历代营造的殿宇全部彻底被毁，再也没有兴起；在西部寺院（今址）重建的鲁班洞、般舟殿和始建的千佛殿亦被毁；鲁班洞内的李邕颂碑残损，自此鲁班洞山门建筑功能被废弃。此次灭佛运动在灵岩寺进行得比较彻底，唯慧崇塔完整留存且西部的墓塔林受波及不大。灭佛运动后不久，佛教及寺院便迎来了恢复的机遇。唐宣宗"大中五年（851 年）奉旨，许于旧踪再启精舍。寺主僧从心闻于州县，起立此寺。"[②]"灭佛"后的第六年，朝廷又下圣旨恢复全国佛教寺院。"寺主僧从心，大中五年奉皇恩远降，许令漆饰旧基。"[③]朝廷直降圣旨于灵岩寺，准予其在旧址（即今址）上重新修整寺院，这体现出朝廷对灵岩寺的高度重视。从文献记载及遗存情况看，此次恢复寺院工程主要集中在千佛殿的重建上，该工程至唐代晚期竣工。又起香火，远不如"高宗临御"后的营造之风，除千佛殿外，"灭佛"中被毁坏的其他的建筑遗物并没有重建，大概是因为朝廷虽有惠寺政策却无多大拨款实力了。从此次重建千佛殿遗存的檐柱柱础看，同功能的部件式样各异，应为不同地区捐助而导致，这也从另一方面说明这次重修没有得到朝廷大额资金的援助，主要靠的是地方募捐和民间施资。

唐武宗"灭佛"，千佛殿被拆除，四面檐柱得以保存，没有遭到破坏。这些檐柱的柱础有的已彻底毁坏，有的被重新使用（如今千佛殿 7 号柱础），有的移位它处使用（如今大雄宝殿檐柱下的两个柱础、五花殿东侧台地上的两个柱础），又因该院落的唐代大殿唯有千佛殿，故不会是其他殿堂的遗留。至于唐代后期重建的千佛殿，观其大殿遗留构件特征，有加工檐柱柱础与唐代遗留瓜棱檐柱的匹配雕琢，顾及长短而加减，柱与础的结合在

---

① 〔唐〕牟珝：修方山证明功德记刻石 其一，大中八年四月八日，灵岩寺红门造像佛座。
② 〔唐〕牟珝：修方山证明功德记刻石 其一，大中八年四月八日，灵岩寺红门造像佛座。
③ 〔唐〕牟珝：修方山证明功德记刻石 其二，大中八年四月二十日，灵岩寺红门造像佛座。

尺寸上非常吻合；金柱柱础进行了规格与内容、形制上的一致设计，统一规划制作；沿用了初建时期的"金相斗底槽"式柱网结构，规模也与初创时同。

2012年灵岩寺出土的伪齐阜昌①二年（1131年）"□建常住地界公据"碑（图43）载："……先蒙朝廷拨赐山场地土，于乾德年立碑□说四至去处，沿为地畔广阔……"唐朝恩赐田土予灵岩寺，所赐之地地域广袤，蔚为壮观。"实地面积近40平方千米，实属辽阔壮观……虽有布施四方源源而来，但僧人的衣食还是主要依赖寺院的土地所获。"②因"诸处浮浪聚集，兼本寺庄田不少"③，宋乾德年间（963—968年），灵岩寺标注边界，四至立碑，是说，当时有浮浪之人侵占田亩的现象，迫使灵岩寺四至立碑标识。宋朝张公亮《齐州景德灵岩寺记》载："每岁孟春迄首夏，四向千里，居民老幼，匍匐而来，散财施宝，唯恐不及。岁入数千缗，斋粥之余，羡盈积多。"④朝廷拨赐大量土地，佛教徒对寺院道场捐资施舍，给灵岩寺带来巨大的财富，这为其后千佛殿的重修提供了经济保障。

元至正元年（1341年），河北道肃政廉访使张起岩⑤所撰"大元泰山灵岩禅寺创建龙藏记"碑（图44）载："历隋暨唐，殿堂齐寮，日新以盛。宋太平兴国、天禧、景德偏以其号锡寓内寺院，故寺当号景德。寺之千佛殿、五花殿构于其时，石刻俱在。迄今广宇周廓，遗制尚存。"这明确指出了宋景德年间重修千佛殿（图45）这一史实。唐末至北宋景德经历了100年左右，从遗存的檐柱观之，千佛殿没有倒塌迹象，故宋代应为重修。宋王逵"齐州灵岩寺千佛殿记"碑（图46）描述："……有僧琼环者，次第以轮奂，其如土木之华、绘塑之美、泉石之丽、草木之秀，森森然棋布前后，远者咸以耳闻之，

---

① 北宋末年，金兵大举南下至济南，时任济南知府刘豫降金。金兵急于攻克大宋，无心管理侵占地盘。刘豫在金朝的卵翼下建立"齐国"，于1130年自立"大齐皇帝"，改年号为阜昌。阜昌八年（1137年）该政权被金人废除。

② 王晶，刘丽丽：《山东长清灵岩寺地界石碑考略》，《东方考古》（第12集）科学出版社2015年版，第112—119页。

③ 灵岩寺，宋熙宁三年，"敕赐十方灵岩寺"碑。

④ 〔清〕马大相：《灵岩志》，山东友谊出版社1994年版，第45页。

⑤ 〔元〕张起岩（1285—1354年），祖籍章丘，元朝首届科举状元（左榜），著名政治家、史学家、文学家。

图43 伪齐阜昌二年"□建常住地界公据"碑

近者咸以目击之，于千佛之旨何啻于形影之外！"①此碑记载了琼环长老重修千佛殿之盛况。清代马大相《灵岩志·高僧》载："宋重净，号琼环，景祐中重建五花殿，颇极精丽，嘉祐中复修千佛殿，极其庄严，前后工程费逾万金，皆公卿士庶所乐施者，泛常僧能如是乎？"②此书记录了北宋重修千佛殿的主持者——琼环长老，同时也说明了此次工程资金为社会上下各个阶层所捐施。"……至若黄金涂像，碧瓦凌空，回廊大殿，莹然尘外，层楼峻塔，倬彼霄际"③王逵还记载，营建的千佛殿有周匝回廊，绿琉璃瓦覆盖，殿顶结构（依其描述判断）势必为重檐。回廊作为大殿的附属配置，在宋《营造法式·大木作》模数制作中降级一等使用。此制为大殿单体建筑二檐的第一层檐，是环绕主体殿身一周的裙顶，与大殿屋顶结构同为二至三檐的屋顶形式。重要的寺院主体大殿一般为重檐屋顶，重檐屋顶是建筑形式的最高等级，其应用如重檐庑殿、重檐歇山。重檐庑殿是供帝王使用的，如唐大明宫麟德殿、北京故宫太和殿、泰安岱庙天贶殿、济南府学文庙大成殿等。灵岩寺的千佛殿使用的是重檐歇山顶，这亦显示出千佛殿是高规格的主体建筑。另，千佛殿回廊柱网采用的"金相斗底槽"亦是营建回廊式大殿的专用结构。宋元祐年间（1086—1094 年）任济南郡从事的卞育在《游灵岩记》中记述："……长廊大厦，其制甚雄……"④这也是对千佛殿回廊的结构与气势的描述。重檐歇山顶与金相斗底槽代表了千佛殿的建筑形制与规模，也证明了卞育在《游灵岩记》中记载的内容是可信的。依史料记载，结合中国古代建筑使用等级制度，可以推测，此次重修的千佛殿应是重檐歇山式屋顶，覆以绿色琉璃瓦顶，建筑等级高，规模大，富丽堂皇，雄伟壮观。琼环长老重修千佛殿，将千佛殿平柱下唐代初创柱础更换为了雕有龙凤图案的宋代柱础，原因是宋人审美观发生了变化，在显要位置、出入频繁的明间两侧使用当时人们最易接受和欣赏的图案柱础，也是标识北宋中期文化阶段性变化的一种体现。置换下来的唐代柱础两侧有地栿槽，

①灵岩寺编辑委员会：《灵岩寺》，文物出版社 1999 年版，第 102 页。
②〔清〕马大相：《灵岩志》，山东友谊出版社 1994 年版，第 35 页。
③〔宋〕王逵："齐州灵岩寺千佛殿记"，碑刻。
④〔清〕马大相：《灵岩志》，山东友谊出版社 1994 年版，第 46 页。

图44 元代张起岩撰"大元泰山灵岩禅寺创建龙藏记"碑

图45 千佛殿明间宋代柱础

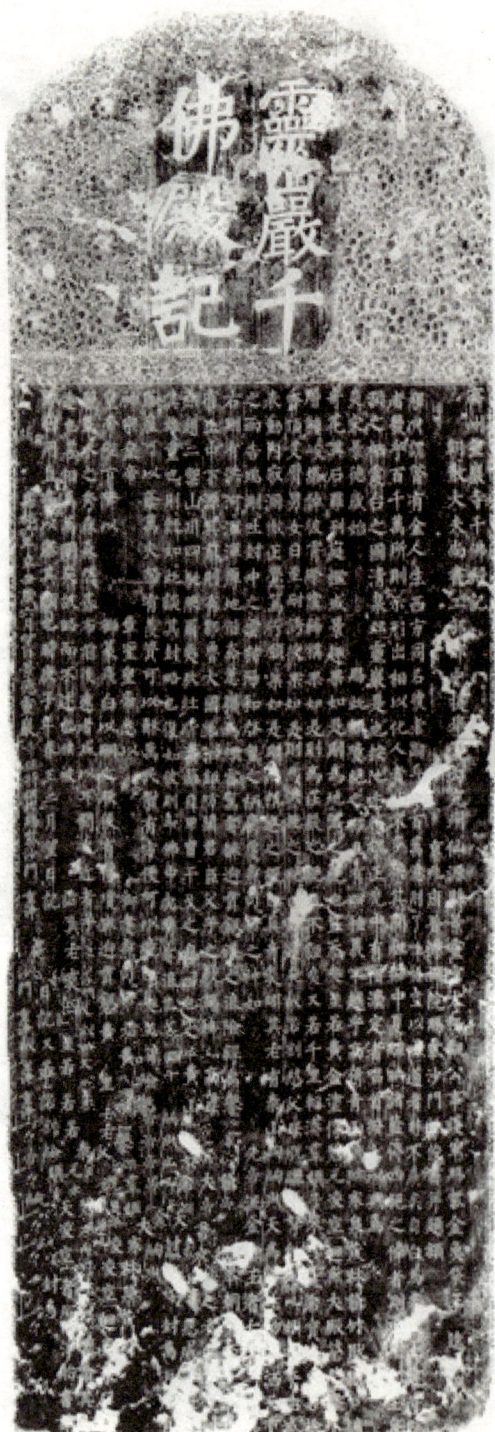

图 46　宋代王逵"齐州灵岩寺千佛殿记"
碑拓片及片段拓片

说明该柱础在唐千佛殿中是明间两侧的建筑构件，它们后被宋人用作了五花殿的初创台基的廊柱。由此证明，琼环长老是先重修千佛殿，后创五花殿；同时证明，千佛殿在维修时，明间梁架有过局部的落架。

1995 年，工作人员发掘鲁班洞时得石碣^(图47)一方，碑载"洪武二十三年重修千佛殿、共水陆殿，并修东西两架僧房三十余间。工毕，无准立缘，谨志"。这块石碑上的记载证明了千佛殿于明代洪武二十三年（1390 年）有过重修，同时其他建筑和僧房也得到了维修。但是，从千佛殿现存实物中看不出此次修复的痕迹，应是明嘉靖年间（1522—1566 年）重建时没有保存和使用此次维修的建筑遗件。

千佛殿佛台基座北侧嵌有嘉靖十六年（1537 年）"佛宝殿碑记"一通，载有"……法门之兴，全仗大德以扶持。遂施马一疋，与贾道人共同造佛宝殿，永远供养"。尽管此碑是小施财主刻制的，但该碑所述内容表明此次重建有檀越的参与，且反映出百姓对此次大殿重建的捐助与此次大殿重建的具体年代。

千佛殿明间檩下嵌有明万历十五年（1587 年）德藩王施资重修千佛殿记。万历年间（1573—1620 年）监察御史傅光宅在《重修千佛殿记并词》^①中载："……逮于今日，道法陵夷，僧废清规，人罕正信，苾刍（比丘）散于饥馑，殿阁圮于风霜，灵泉鸣咽而断流，宝树萧疏而失荫。于是德藩先定，王以凤世机缘捐施帑藏，世殿下以深心、仁孝成就功德。先是丁亥之春，有密藏上人结盟于林壑。戊子之夏，则达观和尚说法于山岩。于时典宝副陈奉者，方奉王命督理寺工。受一言于密藏，投五体于达观，奉戒精严，监工勤慎。遂尔山门炳焕，殿宇崔嵬。千佛殿者，面拥群峰，背环万壑。方丈廊庑，隐苍霭于星罗。宝刹浮屠，出翠微而云起。玲珑栋宇，映日月而绕烟霞。轩豁檐楹，俯林峦而开紫翠。香灯于金碧辉煌，梵吹杂风泉上下，莲花座上依然三十二相之庄严，菩提树前俨然八万千门之妙好……"从中可知，德藩王捐资对灵岩寺所有建筑进行了维修。在今遗存的建筑中，

---

① 〔清〕马大相：《灵岩志》，山东友谊出版社，1994，第 64 页。

图 47　鲁班洞发掘出土明代碑刻

可以看到此次维修的痕迹。今千佛殿明间脊檩下附有"岜（shí）大明万历十五年岁次丁亥九月初八日德府重修"的题记字样。由以上记载可知，在明代，千佛殿经历过洪武、嘉靖和万历朝的三次修建；洪武期间的修缮被嘉靖千佛殿重建所冲没，至今梁架主体保留的是嘉靖年间的构造；万历年间的维修主要是揭顶更新，更换檐柱、金柱之间的搭牵与乳栿。

在清代，寺僧于康熙五十三年（1714年）、道光十四年（1834年）、道光二十八年（1848年）、同治十三年（1874年）、光绪二十二年（1896年）对千佛殿进行过多次维修。

新中国成立后，1950年，山东省政府拨5000斤小米，组织人员在千佛殿内设置木橱，以保护罗汉像；1957年，国家拨款3.8万元维修千佛殿，对大殿屋顶、瓦垄、门窗等进行了清理、修补、更换，仍保持千佛殿明代建筑的营造风范。山东省文物局1966年拨款维修千佛殿顶，为殿后地面铺石、修挡水墙；1967年开凿千佛殿后排水沟；1974年修千佛殿周围防水坝。1994年4月，国家文物局拨专款对千佛殿进行揭顶维修，主要是解决殿顶的严重漏雨问题，这是新中国成立后千佛殿第一次大型殿顶维修。此次维修，先由文物专业部门给出维修方案，再经国家文物局批准，以确保泥塑彩色罗汉像和其他文物安全为前提，严格按照文物"修旧如旧"的原则展开。施工中，维修人员将能用的原有脊饰、瓦垄构件编号入座继续使用，对不能用的，按照构件规格进行定制；采用中国传统的营造工艺技术，按照流程制作苫背，将脊饰原构件、原位置恢复，只不过将瓦垄降级一等铺设；同时，扩宽了千佛殿后的疏洪渠道，以减少水汽毛吸现象，降低外部环境对室内的潮湿影响，增强千佛殿疏洪渠道的雨季排洪宣泄能力。

四、构造特征

  千佛殿台基长与宽的比例为 1∶0.615，接近古希腊毕达哥拉斯学派长方形唯美的"黄金分割"[①] 比例值 1∶0.618，可见，大殿的空间结构设计是非常适度的。千佛殿所采用的庑殿顶是中国古代建筑中等级最高的屋顶形制，殿顶又覆以绿色琉璃瓦饰，则进一步彰显出其中心大殿的地位。千佛殿的屋顶在宋代是重檐歇山顶，到明代改为单檐庑殿顶，这应是明嘉靖十六年（1537 年）重建时做出的改变。通过观察正脊端的琉璃鸱吻的身姿与釉泽包浆情况，我们知道，该琉璃鸱吻是明万历时期的遗物。从正脊筒子可以看出，失釉者为明嘉靖时期遗作，弱釉者为明万历时期遗件，新釉者为 1994 年维修时所定制。戗脊状况与正脊同。东南隅戗脊下端的戗兽、岔脊的走兽，釉泽古朴，色泽沉厚，二者为明万历时期的遗物。屋面北坡部分保留的筒板瓦原件为明嘉靖时期的作品。其余岔脊走兽为 1994 年维修时仿效原件制作，筒板瓦、勾头滴水皆为 1994 年维修时重新加工制作的。

  屋顶举折平缓，是早期建筑形制重要的特征之一。宋《营造法式》规定了大殿屋面的坡度定制："如殿阁楼台，先量前后撩檐枋心相去远近，分为三份，从撩檐枋背至脊槫背举起一份……以举高尺丈，每尺折一寸，每架自上递减半为法。"[②] 也就是说，以大殿前后撩檐枋中心点的水平距离（即大殿横向宽度），取中心点上举撩檐枋距离的1/3处定脊槫中心点，再向两侧折定两坡的金槫位置。第一折以总举高的1/10处定上金槫的位置，

---

  ①黄金分割是指将整体一分为二，较大部分与整体部分的比值等于较小部分与较大部分的比值，其比值约为 0.618。这个比例被公认为是最能引起美感的比例，因此被称为"黄金分割"。

  ②〔宋〕李诫撰，王海燕注译：《营造法式译解》，华中科技大学出版社 2013 年版，第 90—91 页。

然后继续下折，每一椽栿折上一椽栿折高的一半。由此形成的大殿屋面，曲线之平缓悠长，是后期建筑屋面所不能达到的。千佛殿南北挑檐槫（令拱上）中心点之间的距离为17.85米，脊槫中心点垂直下至南北挑檐槫中心点连接线的高度为5.41米，举高尚不到横宽的1/3，加之出檐深远，以致屋面平缓悠长，将雨水送以"溜远"，此乃宋代梁架结构、尺寸之遗风。千佛殿自正心枋中间平出至檐口飞椽外端的水平距离为2.68米，显示出大殿出檐挑出甚远，舒展大气。出檐远近，与檐下斗拱的用材及出跳多少有关，用材越大、出跳越多，出檐越长。千佛殿檐下斗拱的华拱立面高0.21米，宽0.14米，用材颇广，是建筑用材等级的计算模数，后期斗拱不能比拟；檐下斗拱布局补间铺作一朵，是早期建筑重要特征之一。《营造法式》中规定："当心间须用补间铺作两朵，次间和稍间各一朵，其铺作分布，令远近皆匀。"[1]"每补间铺作一朵，间距不得超过一丈。"[2]千佛殿的斗拱布局，诸间皆设为补间铺作一朵，与《营造法式》中补间铺作1—2朵的要求相同，这是明清时期斗拱布局所不能的。斗拱每朵外、内曳出三跳六铺作，皆计心造；前出三昂为假昂平出，制作有力，昂咀为琴面；里跳三抄六铺作，拱头有明显的砍杀，尚显拱臂力度，与早期的拱头砍杀有区别，整朵斗拱从结构看是明嘉靖时期的作品。每朵斗拱之间用拱眼壁板间隔，并施以三株火龙图案，为建筑制度中的规范做法，是明万历时期所为。檐柱立面加工成直棂内颛十六棱柱，与古希腊雅典巴特农神庙凹槽列柱极其相似；柱体略有收分，无柱头卷杀，与山西太原天龙山第十六窟（北齐）、甘肃天水麦积山第四窟（初唐）前廊柱同，彰显出早期构造之风尚。自平柱至角柱微微升起，檐柱普遍向内倾斜，此乃《营造法式》中的柱升起与柱侧脚的制度做法，它使大殿的整体重心向中心积聚，增强了大殿整体结构的重心，也促进了大殿屋顶线条的曲线美，是宋金时期建筑构造的惯用手法。兰额插入柱头处作卷杀处理，是营造的规范制作；兰额至角柱外不出头，是该殿一大重要特征，也是我国现存最早的木结构建筑唐代南

---

① 梁思成：《营造法式注释》卷上，中国建筑工业出版社1983年版，第122页。
② 梁思成：《营造法式注释》卷上，中国建筑工业出版社1983年版，第122页。

禅寺大殿、佛光寺大殿角柱皆具备的制作手法，现已成为鉴定唐代以前角柱的重要特征和标示，这也进一步证实了大殿檐柱是唐代作品。灵岩寺鲁班洞遗址、般舟殿遗址上遗存的角柱，亦具备同样的特征，是难得的唐代以前的实物资料。普拍枋至角柱出头做成梅花状雕饰，与兰额构件皆为明万历时期的遗物。按照宋《营造法式》规定，柱高"不越间之广"①。然大殿檐柱之间的距离有自明间向外诸间不宜察觉的面阔递减。檐柱高为3.898—3.934米，而明间至尽间的面阔尺度为4.26—3.80米且呈递减式状态，比对两者，诸间面阔皆大于《营造法式》规定的柱高尺寸。由此证明，在大殿实际的营造过程中，匠人们对《营造法式》是灵活掌握的。自兰额至斗拱上皮皆施以彩绘，有益于表层保护，防止木质构件的风化雨蚀，同时增强建筑的神秘美感，为明万历时期所制。

金柱柱础从整体形象、内容、尺寸及风格上比对，施工前有过统一的设计规划要求，只是在加工过程中因雕凿水平的不同而略有差异外，整体形象还是类同的，说明它们是同一时期制作的。莲瓣高于锁唇，证明开始的设计就是不会遭到雨淋，为殿内的金柱柱础而雕造，其高耸、丰肥、匀称的莲瓣，立体效果极强，显示有唐代莲瓣的风范。础隅减地普遍刻有花卉，初纳宋代风尚，表现出晚唐时期的一大特点。故此，千佛殿的系列金柱柱础定为唐代晚期为妥。檐柱柱础比较复杂，是为迎合唐代檐柱而雕凿，没有具体规定统一雕刻形制与内容的标准，给予了工匠自由雕琢的空间，致使其在尺寸、内容、造型上形式多样，显现出不同地域的柱础形制与内容以及雕刻艺术手法，但总体不失唐代晚期之风尚。东南隅7号柱础莲，瓣下起八角台面，每角刻有凸起圆形的小型花卉，四隅刻高浮雕半球形花卉，锁唇高耸，莲瓣凸显，雄浑古朴，形态凝重。此种柱础，除7号千佛殿檐柱柱础外，现还存有4个，在大雄宝殿檐柱中存有两个，在五花殿东侧台地上有两个。后面这四个柱础于宋真宗景德年间（1004—1007年）琼环长老创建五花殿、宋崇宁年间（1102—1106年）仁钦和尚创建献殿（明

---

①陈明达：《营造法式大木作研究》（上集），文物出版社1981年版，第17页。

代改称大雄宝殿）时，被二次利用，与千佛殿7号檐柱及柱础同为慧崇于唐天宝前期创建千佛殿时的原配遗存。现今，10个唐代的檐柱柱础找到5个，历史上遗失5个。五花殿遗址西南隅廊角柱北侧廊柱与西北隅廊柱东侧廊柱础在2008年灵岩寺整治环境时给予拆除，移至五花殿东台地，致使五花殿遗址中唯一能看到宋代结构建筑廊厦尺寸的实样尽失。如今，五花殿东台地上的这两个柱础及原五花殿西南隅廊石柱尚在，但原五花殿廊柱础与柱之间的"抄手"石墩不知去向，这个"抄手"是目前灵岩寺所发现的最早、最具艺术性的特殊石构件，这种构件在其他寺院也不多见。五花台上的这两个柱础皆双向开槽，是地栿放置的卡槽，表明它们应是原唐千佛殿明间两侧的柱础，被宋重修千佛殿时，后又用于五花殿建设的。

唐代晚期重建千佛殿时仅沿用一个慧崇初创千佛殿时的7号柱础，其余皆为晚唐重建时所雕造，形制相同或相近的柱础为同一个工匠而作。明间两侧的1、10号龙凤柱础，雕刻技法趋于柔和，雕刻内容为民俗题材，为北宋景德年间琼环长老重修千佛殿时更换上的，其位置是进出大殿最为显眼的地方，体现了宋代僧人审美观念和宗派信仰的变化。

殿内梁架的金柱、四椽栿、平梁，制作规制，与其他构件相匹配，有清《工部工程营造则列》的规范手法，颇显官式之作、规制之风，其主体为明代嘉靖时期的建筑遗构。乳栿与搭牵，用材较小，且以自然弯曲木材稍加剥皮后直接使用，不显规整，明显与主体梁架等的制作与用材不同。另外，随梁枋、榑檩及其梁架的"推山"结构亦显略小，皆具明神宗万历时期的遗作特征。殿内柱网采用宋《营造法式》中的"金相斗底槽"，与全国著名唐代木结构建筑山西五台山佛光寺大殿相同，减去了中心分柱，增大了佛教活动场所的空间，是唐宋时期主体大殿盛行的柱网布局，也具早期柱子布局的平面特征。千佛殿四周围墙、台基的形制与其石块包砌、台阶踏道，皆为明万历十五年（1587年）所为。前檐明间和次间的直棂方格隔扇门、稍间和尽间的直棂方格窗、后檐明间直棂方格隔扇门均为清代中晚期的作品。

纵观历史上千佛殿的重建和维修，可梳理为：唐天宝前期始建，唐代晚期重建。宋景德年间重修，明间局部落架。明洪武二十三年（1390年）进行小型维修；明嘉靖十六年重建，保持了檐柱的原样，金柱、梁架全部更换；明万历十五年揭顶维修，主体梁架尚未大动，只是更换梁架的金槫、乳栿、搭牵、推山结构，谓之重修。1994年揭顶维修，木作部分更换，接续四隅大角梁前半部分和仔角梁，下金槫至檐口的檐椽、飞椽大部分更换。除以上大动外，千佛殿还经历了许多次小型维修，但这些小修没有改变建筑风貌。

五、建筑用材及其模数

《营造法式》是宋代一部总结历史建筑营造规律的书籍，它将多年约定俗成的建筑做法加以归纳，形成文书，以朝廷名义颁布，是官方推出的建筑营造规范和在当时具有法律效力的建筑文法文本，被后世历代匠师奉为圭臬。《营造法式》规定："凡构屋之制，皆以材为祖。材有八等，度屋之大小。因而用之。各以其材之广，分为十五份，以十份为其厚。凡屋宇之高深，名物之短长，曲直举折之势，规矩绳墨之宜，皆以所用材之份，以为制度焉。"[1]该书以材、栔为模数，单材等同于华拱的立面尺寸，单栔等同于拱与拱之间的相对空间距离，只是将尺寸化作份数来计算。单材15份，栔6份，单材加单栔谓之足材21份。材分八等，根据不同建筑规格的需求，确定营造等级，依据等级分别制造相应的建筑构件，组合安装即成。依此法营造建筑，特点是减少营造工序、节约建筑材料、缩短工期、营造建筑规范。

---

① 梁思成：《营造法式注释》，中国建筑工业出版社1983年版，第240页。

经实地测量，灵岩寺千佛殿斗拱的单材尺寸为高 0.21 米、宽 0.14 米，按照《营造法式》单材广与厚比为 2/3 的规定，千佛殿现实中的单材尺寸非常规范，彰显了官式木作营造之风范。遵照现今尺度与宋代尺度折算，每一尺为 0.309—0.329 米[1]；取中间数 0.319 米计算，则千佛殿斗拱单材尺寸为：高 = 0.21 米 ÷（0.319 米 ÷ 10）= 6.58 寸（宋），宽 = 0.14 米 ÷（0.319 米 ÷ 10）= 4.39 寸（宋）。对照《营造法式》中材分为八等和每一等的尺寸，"第五等：广六寸六分，厚四寸四分，殿小三间，厅堂三大间则用之"[2]，千佛殿单材尺寸非常接近五等材的建筑规范。因此，该大殿应为五等材官式建筑之等级，在中国古代木结构建筑营造体系中尚属略小等级模制，在《营造法式》中列入小型殿宇营造的建筑等级范畴，应是以五等材建筑模数为标准分别加工制作相应构件，进而组合营造出大殿构造。如：利用建筑模数加工檐下斗拱，确定斗拱补间铺作一朵的布局，进而确定檐椽直径、计算出檐的长度。我们今日能在千佛殿这一建筑上看到如此建筑模数制作的痕迹与特征，实属难得。自斗拱的大栌斗底垂直升至罗汉枋的上皮，是整座斗拱的相对高度。千佛殿斗拱高度为 1.38 米，檐柱高度为 3.91 米，斗拱与檐柱的高度之比为 1/2.83。此比值与"辽中叶以后及宋、金时期约为30%"[3]相近，与明清时期有着天壤之别。因此，千佛殿在斗拱用材的裁量上，采用的是宋代的建筑模制，与其结构的构件（如梁栿端头）亦是加工成了同等的建筑模制，否则梁端与斗拱是不能匹配的。明代嘉靖十六年重建千佛殿时，工匠们应该看到了宋代营建大殿的实物资料，特别是大殿的出檐、斗拱用材及规模，因此仿效承用了宋代千佛殿的建筑尺寸，在明代营造的千佛殿上留下了诸多宋代的建筑特征。否则，明代重修只会采用清一色的明式建筑手法，不会遗留如此众多的早期建筑结构特征。

① 刘敦桢：《中国古代建筑史》，中国建筑工业出版社 1980 年版，第 416 页。
② 梁思成：《营造法式注释》卷上，中国建筑工业出版社 1983 年版，第 240 页。
③ 祁英涛：《怎样鉴定古建筑》，文物出版社 1981 年版，第 35 页。

六、断定年代及其现实意义

　　为了更好地宣传和保护千佛殿，研究中国古建筑文化，我们要给千佛殿一个科学和恰当的历史断代。只有这样，才能准确呈现其历史价值和艺术价值，为进一步研究打好基础。

　　千佛殿大殿内采用了唐代檐柱、柱础，唐宋时期的柱网结构；承袭了宋代的屋顶举折、斗拱用材模数、斗拱布局的营造风格；使用了明代嘉靖、万历时期的梁架营造模式。主体梁架和斗拱是大殿的"骨骼"，也是判断建筑物建造年代的最重要依据。按照古建筑断代的三大基本要素（大殿的梁架、柱网和斗拱）综合分析，笔者认为，现存千佛殿实物为明代嘉靖时期遗作为妥。

　　中国古代建筑经过多年的风雨剥蚀，饱受战火与自然灾害的侵扰，本就不易保存下来，而遗存至今的早期木结构建筑更是凤毛麟角。纵观中国古代建筑，遗留至今的多为寺庙建筑，这与统治阶级和人民大众的宗教信仰、祭祀活动有着直接关系。我国现存的早期木结构建筑有山西五台山南禅寺大殿、山西五台山佛光寺大殿、山西太原晋祠圣母殿、山西大同华严寺大雄宝殿、河北正定隆兴寺摩尼殿、天津蓟县（今蓟州区）独乐寺观音阁等。灵岩寺千佛殿亦是在历史宗教氛围的影响下幸存下来的。我们还能从千佛殿建筑的体量、规格、结构、时代特征等方面，看到唐宋时期的遗物及营造风格，甚是难得。1973年6月，古建筑学家陈从周先生来到灵岩寺，仔细观察千佛殿后，他说："斗拱雄大，出檐深远，乍视之几认为唐宋遗构，实则木构为明建，清代修葺大耳。"①而千佛殿直棂内颐十六棱檐柱与古希腊雅典巴特农神庙凹槽列柱的极其相似，千佛殿台基的"黄金分割"比例，也让我们看到了唐朝时的中西方建筑文化交流的迹象。

目前，该建筑是济南地区遗存的木结构建筑中使用唐代檐柱与柱础，保留唐宋时期特征最多，最为规范的大殿。

总之，灵岩寺千佛殿建筑形象直观地展示出中国较早时期的古建筑风韵，为我们研究济南地区唐宋时期建筑的结构特征及明代时期的梁架结构，提供了实物例证。

---

① 任远：《文苑高手颂济南》，《齐鲁晚报》华不注版 2019 年 5 月 27 日。

第二部分

千佛殿内奉祀的佛像

　　千佛殿内奉祀的偶像有三身佛佛像、观音菩萨像、泥塑罗汉像及周壁残存的木雕小佛像。这些佛像等级森严，规模庞大，主侍分明，各就各位，它们立体直观地展示了佛教修行的层次结构，营造了一个极具感染力的佛教世界的氛围。同时，千佛殿亦是古代艺术家们游刃有余的创作空间，成为艺术雕琢的广阔天地。殿内奉祀的佛与菩萨像表情淡定，内心静持，无喜无怒，无悲无忧，颇有绝七情六欲、度生老病死之姿，构成了佛教里上层神界的艺术形象。泥塑罗汉像被设定为中间的修行高僧，说明这些罗汉尚未达到神界地位，故使用世俗化的形态来表现高僧的艰辛修行，为古代艺术大师们运用不同的艺术表现形式塑造的贴近人性的艺术作品。泥塑罗汉像地位重要，相关信息庞大，艺术性强，将在第三部分专述。

一、主祀佛像

　　宋嘉祐五年（1060年）王逵"齐州灵岩寺千佛殿记"碑载："至若黄金涂像……复如彼，则千佛中处膺大雄氏……厥后有僧琼环者，次第以轮奂，其如土木之华、绘塑之美、泉石之丽、草木之秀，森森然棋布前后，远者咸以耳闻之，近者咸以目击之，于千佛之旨何啻于形影之外！"从中可知，宋代的千佛殿主祀的是释迦牟尼佛，且其泥塑贴金。现今殿内正中端坐着的三尊高大佛像（图48）为大殿主题佛像，皆盘坐于长13.45米、宽2.84米、高1.23米、三面石砌的仰覆莲束腰须弥座之上，背面（北面）直立，泥灰涂抹，不做任何装饰。莲座庞大，气势恢宏，东、南、西三面呈雕刻束腰状，下置地栿。自束腰部上下各出挑两层，里者为上下仰覆莲。仰莲上挑层为佛台压沿石，细斧剁之，素面无饰；覆莲下层立面刻有减地卷草纹饰，流畅却古板，莲瓣呈弧90度表现。仰覆莲瓣布局匀称，排列有序，平

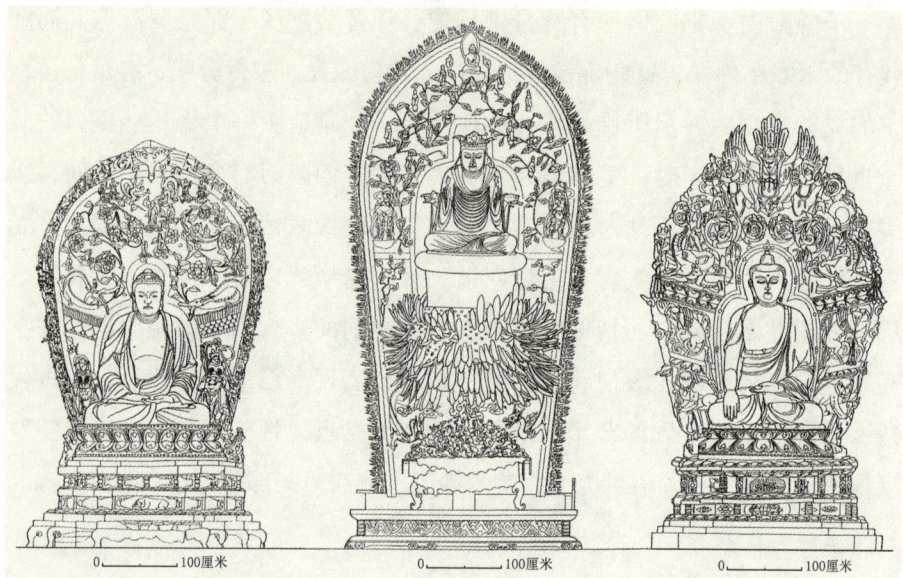

图 48　千佛殿三身佛正投影比例线图

整无凸无凹，呆板且模式化。莲瓣的立面皆刻一展翅的动物，漫漶不清，做飞翔状，疑是蝙蝠，寓古代传统的"福禄"之意。正面（南立面）束腰部图案结构是按照上部佛像的布局区域，刻以竹节立柱图案来划分的，三区距离等长，雕刻内容相同。每区皆由七种图案组成：中央图案为一行走的大象，背筐之上有二人；两侧下部有大海波浪图案，且上面有太阳花及植物枝叶的表现；再侧各为一朵静止的祥云，不显动态；外侧各用等宽的线条雕饰出如意图案向两端逃遁的画面，皆为较深度的减地雕刻。台基东、西两侧束腰部的立面结构及图案是相同的，每面图案共四种：中间的两个图案相同，各为三个菱形方块叠角构成；两侧如意形图案有向两端逃遁的情形，雕刻技法与南立面同。佛座后镶嵌着明嘉靖十六年重建千佛殿施财"佛宝殿碑记"石碣，观佛座台基的雕琢风格应为明万历时期所为。

佛座上置有三身佛佛像，身躯高大，形态庄严，神情肃穆，端坐于高大华丽的莲花座之上，彰显出大殿主祀佛像之威严。

"三身"，即法身、报身、应身三种佛身。"身"除指体貌外，亦有"聚积"

之意，即由觉悟和功德聚积而成就佛体，理法聚而为法身，智法聚而为报身，功德法聚而为应身。佛教宗派信奉三身佛者有禅宗、天台宗、华严宗和法相宗，灵岩寺自立时即为禅宗道场。

（一）毗卢遮那佛佛像

1. 现状

三身佛佛像居中间者，谓"法身"毗卢遮那佛佛像^{（图49）}。大型须弥座之上正中放置着木质方形佛台；佛台周体施以海浪彩绘，其上墩放铁质四隅罗汉腿方形座，呈金黄色；座中央竖插一根直径较大的圆木，此乃承托佛像重量的唯一荷载构件，直通佛像身躯。佛像下的圆木周围镶封着椭圆形木鼓，木鼓周体插入木制莲花瓣，共同构成大型木质圆柱形莲花座，相传古时人工转动主轴，莲花座的莲瓣能上下仰合，从现存结构看不太可能实现。佛像端坐于莲座上方的用青绿色丝织品制作的莲花盆中，通身贴金，有疾风吹进殿内时会轻微摇曳。佛像高 1.60 米，木座高 3.86 米，佛、座通高 5.46 米。佛像身躯使用藤条编织，加贴夹纻（夏布）且使用生漆反复涂抹凝固，这就是传统的"夹纻漆器"工艺。这种工艺制作的佛像防虫抗湿，体态轻盈灵巧。该尊佛像为结跏趺坐式，头颅为木雕，发髻、螺髻俱全，头顶凿有圆形洞孔^{（图50）}，头戴八面蕉叶形透雕贴金式帽（俗称唐僧帽），每叶中间绘以诸色宝珠一枚。佛像天庭饱满，两颐丰腴；鼻翼俏丽，鼻梁直挺额际；眉拱细长，眉间有一白毫，双目虚冥，目视前方；嘴小唇薄，嘴角微挑，略带微笑，下颚略显肥胖；双耳垂肩；脖颈适中细致，显有三道肉纹线；身躯直挺，双肩圆润，着通肩式袈裟，胸前袈裟垂帐式衣纹密集，自上而下逐步松缓；两小臂抬升至胸部前伸，双手手心朝上，拇指与中指相触，呈兰花指，做说法状。佛像后置高大的火焰形背光，为方木框架结构，深红底色衬托出周围护法力士和众多供养人。明间两侧随梁枋上各有一个面向佛祖的木质飞天^{（图51）}，呈飘逸腾飞状。两飞天头戴五角凤冠，双手前伸向佛像；上身裸且涂白色，下身着赤红色长裙；五官端正，眉清目秀，体态轻盈，造型美观，具有强烈的艺术感染力。

图 49   "法身"毗卢遮那佛佛像

图 50 "法身"
头顶构造

图 51 西侧飞天

2. 塑造年代及艺术风格

隋代慧远（523—592年）的《大乘义章》卷十九载："法者，所谓无始法性……后息妄想，彼法显了，便为佛体。显法成身，名为法身。"这里的"法性"即人先天具有的如来藏、真心、本觉，为成就佛身之因，因此有所谓的理法聚而为法身的说法，以此成佛故名"法身佛"。据宋元丰三年（1080年）"李公颜金像记"碑[①]载："治平中，家君判官还自永嘉，道过钱塘，僧惠从来告曰：'庐舍金像成矣，欲归齐之灵岩，而未有托也，愿附舟而北。'家君从之。后十五年，余游其寺，徘徊瞻仰，因识其事。"从记载中可知，佛像是宋治平二年（1065年）编制于杭州，搭李公颜的船运到灵岩寺的。碑文中名谓"庐舍金像"，而非"毗卢遮那佛"。从现存佛像头颅顶部观之，该佛具有发髻和螺髻，故最初制作时应不存在头冠。至于颅顶之洞，应是后来为匹配头冠装饰用来插加艺术构件而凿的，结合头冠一周的蕉叶绘制了诸色宝珠推断，此洞上后来应放置有居于中间位置的真实宝珠，整个头冠很像明代吴承恩《西游记》中的"唐僧帽"。由此综合推断，头冠应为明万历十五年德藩王重修千佛殿时安置上去的，后来宝珠遗失，洞穴露出，遂成为现今的状况。该佛造像藤胎髹漆，通体空壳；没变形、没塌陷、没风化，整体比例适度，始终保持着体态轻盈、面容清秀、神态慈祥的模样。造像衣褶纹饰自上而下由密至疏，为环式垂帐，远看似身穿薄纱透体的袈裟，呈浸水站立的效果。这是唐代盛行的绘画艺术手法，谓之"曹衣出水"[②]，表现为人物的衣衫服饰有轻盈的质感，犹如刚从水中出来一般。造像神情温柔和蔼，衣褶疏密相间，纹饰流畅，身姿柔和饱满，表现出宋代传统的佛教造像艺术风格。藤胎髹漆是南方早期的传统工艺。塑造佛像是传播佛教的手段之一，为使佛像方便携带或运输，中国历史上有夹纻漆器的佛像制作工艺，即使用苎麻织成布做成佛像胚胎，然后于胚胎上反复涂抹生漆并风干。这种工艺制作的佛像轻盈、坚固、不变形。南梁简文帝曾作《为人造丈八夹纻金薄像疏》，说明这种工

---

① 碑刻现存于御书阁门洞东侧墙壁上。
② 北齐画家曹仲达创造绘画中国古代人物衣褶的一种表现形式。

艺于六朝时期已盛行。唐天宝二年（743年），扬州大明寺鉴真和尚东渡日本传法，将此技术带入邻邦，今存于日本奈良唐提招寺内的鉴真大师像，就是使用该技术所塑制。千佛殿毗卢遮那佛佛像便是使用藤条编织主体，贴加夹纻（夏布），再使用"夹纻漆器"工艺技术，将藤条、夏布的结合体涂抹生漆使其成为一体，从而构成躯干。

（二）卢舍那佛佛像

1. 现状

三身佛佛像中居东者，谓"报身"卢舍那佛佛像（图52）。

佛像铜质，佛、座通高3.87米。束腰台座之上置砖砌方形佛座，三面泥塑雕造出方形楼阁式台面，下收叠涩三层，上起台座有两层，其上、中、下三檐皆施覆莲，两层空间附有三面泥塑的方形镂空蜀柱式回廊，通体施以彩绘。底层中央绘一铺首，凝眉瞪目；上层中央绘火焰一束，光芒四射；再上为一圆形仰覆莲结构的莲花座，朱红彩瓣，蓝色剪边。该佛像呈结跏趺坐式，头悬高髻，螺髻尖利，发髻上顶着桃红宝珠。佛像天庭方正，鼻梁短挺；眉毛线纹弯曲细长，眼睛虚冥，上下眼帘均呈垂帐；嘴小唇薄，下颚较窄，脖颈短粗；有头身铸造模制痕迹。佛像双耳垂肩，肩部圆润，胸部丰满，腰部婀娜；身着袒右式袈裟，右肩披帛巾，内系衣襦至腰部；左手放置于脚心上，右手直下扶膝，做降魔印。佛像后植有方木框架椭圆形背光，红色底衬。佛像周围镶嵌着众多的大型护法神兽，如龙、猴孙、狮子、大象；顶端嵌有鸟面兽身的大型蝙蝠，做俯冲状，若凶神恶煞。佛像两侧有供养人胁侍，举臂相伴，颇显神秘。整躯佛像体态丰盈劲道，无松懈之感，通体用铜铸之，全身贴金。

2. 塑造年代及艺术风格

《大乘义章》卷十九载："此真心体，为缘薰发，诸功德主，方名报佛。经过修习而获得佛果之身，即所谓的智慧聚而为报身。"据现存于千佛殿外东崖镶嵌的明成化十一年（1475年）"造像之记·大灵岩寺造像记"碑（图53）载："兹者，天津后卫善信直沽孙海、邵通于成化庚寅（1470年）正月三日各秉虔诚、敬斋、香信登泰岱绝顶谒……履灵岩福地，竟日历览其胜，

图 52 "报身"卢舍那佛佛像

于是辄起诚心，许造释迦文佛一尊。既而抵家，乃兴金□峦凯等，遍于古城、宰官、长者、商贾，高贤善信男女，以资帛易以金铜，落成于成化甲午（1474年）之秋，高四尺五寸，饰以黄金，绚以螺髻，肖像俨然望之足以起人敬仰，乃于成化乙未（1475年）春三月良□斋沐躬送。"由此可知，该造像铸成于明成化十年（1474年），为天津直沽（天津河东区）人孙海、邵通聚资铸造而成，通体饰以"金铜"。观东、西佛像贴金者唯东佛是也，当记述是兹，并明确"许造释迦牟尼文佛一尊"，铸造法名初谓"释迦牟尼"，明成化十一年（1475年）被"躬送"至灵岩寺安置。造像体态挺拔，形体丰腴，发髻高耸，面容清秀，铸造手法成熟，是典型的明代风格作品。

（三）释迦牟尼佛佛像

1. 现状

三身佛佛像中居西者，谓"应身"释迦牟尼佛佛像 _{（图54）}。

佛像铜质，佛、座通高3.67米。束腰座之上置砖砌台座，三面泥塑楼阁式装饰，四隅各出罗汉腿四根，各正面施以垂帐纹饰。座身楼阁两层，皆为回廊式，下层使用方形廊柱嵌花边，上层使用竹节式廊柱。通体采用蓝色装饰，颇显富丽。再上置仰覆莲花座，莲瓣施以赤红色调，上下用蓝色剪边。佛像为结跏趺坐式，头悬肉髻低平，螺髻密集短小，前区去除螺髻留有圆形区域，应是放置宝珠之类的地方，宝珠遗失。佛像额际宽厚，两颐丰肥；眉拱细长，眼睛虚冥；鼻梁短小，鼻翼敦厚内收；嘴角内敛，双耳垂肩；脖颈短粗，有肉线纹一道，留有颅身衔接的模制痕迹。佛像身穿通肩式袈裟，两侧衣领自然下垂，左领至腹部右转与右领相交，裸露胸部及部分凸起的腹部，不显内襦；双手相叠，做禅定状。整躯佛像体态雍容，不显紧凑，面相、衣饰及腹部表现得有些松弛，通体呈褐色，乃紫铜为之。佛像后置有背光，方木框架结构，红底。佛像两侧有力士、蛟龙、供养人；正中上方有俯视的迦陵频伽鸟镶嵌，该鸟是古印度佛教的护法神鸟，蓝色的身躯，金色的翅膀，颇显威严。

2. 塑造年代及艺术风格

《大乘义章》卷十九载："众生机感，义如呼唤，如来示化，事同相

图 53 "造像之记·大灵岩寺造像记"碑

图 54 "应身"释迦牟尼佛像

应，所谓的功德聚而为应身。"据另存于千佛殿外东崖壁的明代"造像之记·舍财铸造铜像记"碑（图55）载："直隶河间府交河县马家乡褚解村人氏信士曹昇同室人及氏乃重义浅财之人也，倾舍囊资，购买净铜，铸造铜佛一尊及阿难、迦叶，厥工既毕送诣。灵岩山崇善寺千佛殿永远供养。啻大明成化乙巳（1485年）十二月二十日，当山住持理坦立石。"可知，该佛像为河北河间曹昇夫妻二人捐资铸造（含释迦牟尼像及胁侍阿难、迦叶像），是独立的体系供养，而非与其他佛像的内容组合；又据"千佛殿永远供养"，可知该佛像是为千佛殿量身定做的。佛像体态略显松垮，头颅肥大而胸际扁塌；其袈裟宽大不紧凑，乃明代着衣风尚。

报身佛、应身佛佛像基座，皆由二层连廊建筑及三层莲瓣屋顶构成，每层里面雕饰出铺首、祥兽、火炬等，寓意只有经历并克服不同等级的困惑与艰难，才能达到佛教所说的最高境界。

三身佛佛像不是同一时代制造的。"法身"毗卢遮那佛佛像是宋治平二年（1065年）制造的，建造完成时名为"庐舍金像"，即卢舍那佛佛像，是单尊造像。依据体量推测，该佛像并不是最初就放置在千佛殿主祀位置上的，应该是从其他大殿搬运而来的。"报身""应身"的佛像是明代成化年间由个人施资铸造的。建造初期，均为释迦牟尼佛，且西边的那尊佛像有阿难、迦叶的胁侍。据"造像之记"碑刻可知，这两尊佛像都是专门为千佛殿而铸造，且东边的比西边的早十年铸造。由于不是统一规划设计的，这三尊佛像后期又被重新统一定名称谓。"庐舍金像"被改称"法身"毗卢遮那佛佛像，依据体量加高莲座，奉为主祀。东侧佛像改称为"报身"卢舍那佛。西侧佛像命为"应身"，仍呼释迦牟尼佛。从灵岩寺千佛殿空间与佛像的高度比例可以看出，明代制作的这两尊佛像是为完善千佛殿供奉而铸造的。千佛殿"宋景德（1004—1007年）重修……明嘉靖十六年（1537年）重建……明万历十五年（1587年）揭顶维修"。① 宋代王逵"齐州灵岩寺千佛殿记"碑载："至若黄金涂像……复如彼，则千佛

---

① 王晶，刘丽丽，常祥：《济南长清灵岩寺千佛殿建筑考》，《山东博物馆辑刊》，文物出版社2020年版，第38页。

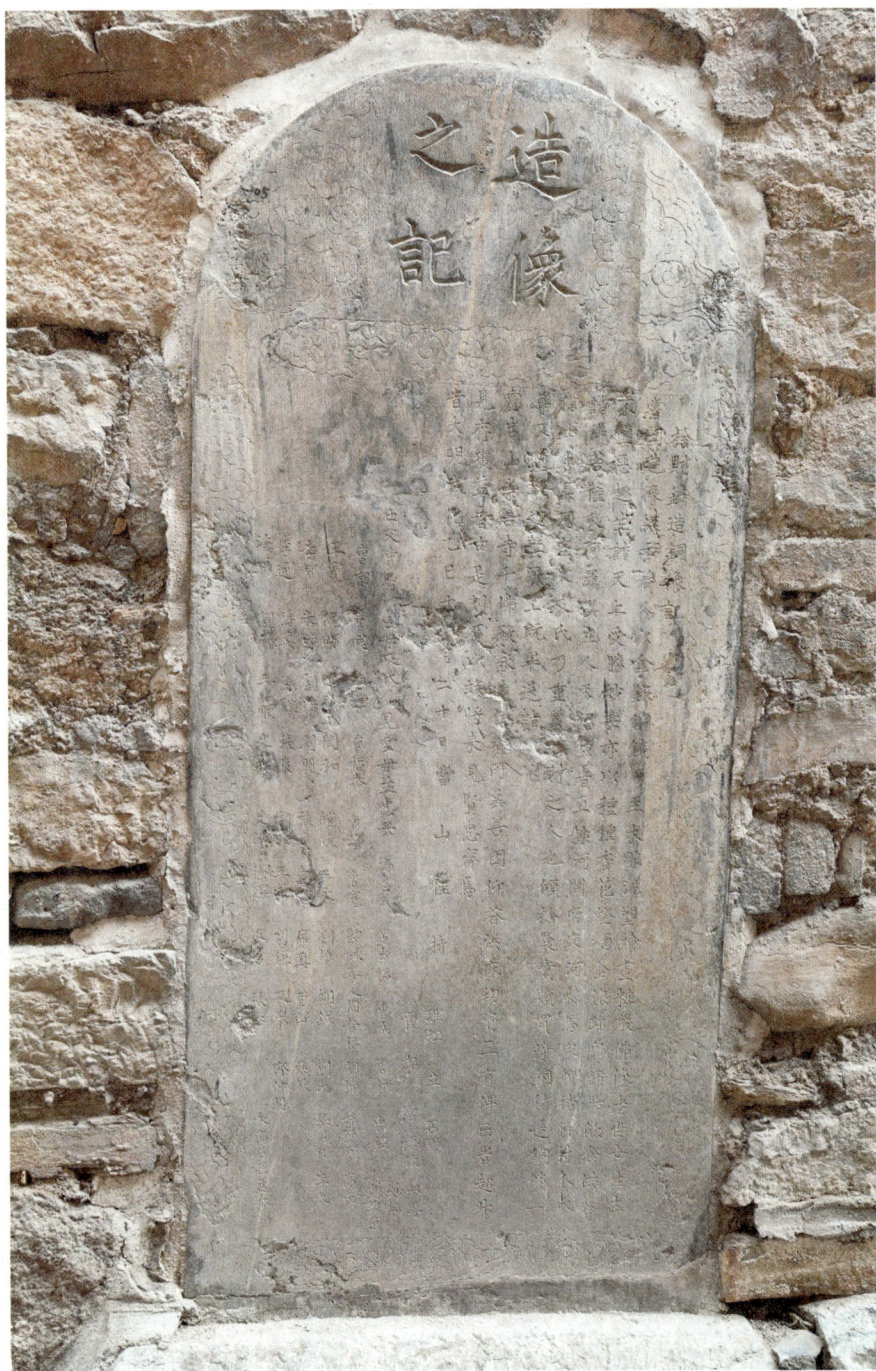

图55　"造像之记·舍财铸造铜像记"碑

之中处膺大僧雄氏。"证实了宋代千佛殿内主祀佛像是释迦牟尼佛，应为泥胎木骨塑造，没有保存下来。三身佛佛像的重新组合及命名，应是明万历年间德藩王捐资重修千佛殿时所为。

　　本书中的三身佛佛像拍摄于 1997 年秋，翌年佛像全部贴金。

二、观音菩萨像

　　观音菩萨像（图56）居于千佛殿"三身佛"后屏障墙的北面，坐南朝北，依墙而坐。它的四周是由泥塑雕饰的长3.95米、高3.70米的洞穴式修行空间区域。观音像及周边装饰物盘筑于一砖砌的束腰须弥座之上。

（一）观音菩萨

　　据现存于墓塔林西北隅的立于元代至正元年（1341年）的"明德大师贞公塔铭"载："元统改元，罄割己财积，创塑观音两堂，以严千佛、般舟二殿。"元代千佛殿、般舟殿有过观音像的塑制，且为明德大师自己舍财于元元统元年（1333年）所为。般舟殿西侧现存的元致和元年（1328年）"管妆塑圣像施主花名"碑载："管妆塑圣像施主花名如后……管背坐妆塑观音圣像施主、副寺子贞……"从该碑文可知，般舟殿塑制的造像是"背坐"观音。据此推断，同时塑造于千佛殿内奉祀空间的和灵岩寺遗存的其他观音造像，亦应为"背坐"观音，故知现存"三身佛"后屏障墙北面的观音像即为元统元年塑制。而观现存观音像，其菩萨构造及雕塑风格与周围洞穴内雕塑不同，应非原作，而似是清代中后期遗物，极有可能是乾隆二十一年（1756年），寺院为迎接乾隆皇帝的首次到来，进行大型维修所重作。该造像于2002年贴金时，有意掩饰了清代遗作拙陋的形象。

观音像坐南朝北，俗称"倒坐观音"，传说观音菩萨普度大众的工作没有穷尽，所以他的形象是永不回头的。

该像佛、座通高 2.40 米。观音菩萨结跏趺坐于多层叠加铺垫的裙裾之上，双手相叠做禅定状。造像头颅戴冠，冠翅八面高耸，呈三角形；额头圆韵，两颐宽大丰肥；眉弓细长，眼睛虚冥；鼻梁陡立，嘴小唇薄；双耳垂肩，脖颈短粗。造像双肩宽厚肥大，脖颈佩戴着宽大的环式项圈，肩披厚重帛

图 56　观音菩萨像

巾，胸部肥大、臃肿，腹部隆起凸显，裙裾铺设犹如铠甲，不显轻柔飘逸。整尊造像塑制较为粗糙，品相不佳。

（二）洞穴内容

观音菩萨像的周围雕饰了大型山川洞穴，洞穴内岩石怪异、层出不穷。洞穴空间自上而下可以分为四层：第一层为观音上部空间，这里雕有众多护法神兽。第二层为观音面部两侧，两侧各筑有一座殿宇和一位力士金刚。殿宇面阔三间，为单檐庑殿顶，正脊、檐口均有曲缓，屋面举折平缓；檐柱有柱升起，翼角翘起，檐下设有斗拱；转角斗拱、柱头斗拱俱全，明间补间斗拱一朵，每朵斗拱出两跳，五铺作单抄单昂。金刚为护法力士，勇猛力健，身披铠甲，凝眉瞪目。第三层为观音跌坐平面，观音左右各有一个供养人，一男一女，体态匀称，面容俊俏，身着长袍。女子双手端一贡果，娓娓走近侍奉；男子双手呈拜观音状。第四层为观音下方两侧，两侧的台基平台上各雕塑一尊道士，他们相向而对，身着道帽长袍，眼睛深邃，似静观事变，洞察世间凡尘。最底层以海水平面统托观音与众洞穴雕塑，海涛巨浪波澜壮阔，颇为壮观。

整个洞穴雕塑区气势恢宏。其所示殿宇有正脊、檐口、屋顶、柱升起、斗拱布局，特别是补间铺作一朵，这些皆为宋元时期建筑的结构特征，是明清时期的建筑所不具备的。其所示供养人面容慈祥，肌肤白皙，表情温柔而拘谨，凸显了虔诚恭敬的神态，人物的表情、神态、姿态、身体比例、衣着饰物等，都表现得恰到好处，惟妙惟肖，颇为美观。宋代以朱熹为代表的部分学者创立的理学，促使释、道、儒相互融合，经过元代的进一步发展，至明清时期达到顶峰，其中一个表现便是明清时寺院、殿阁中出现了三教鼻祖汇聚一堂的实例，如灵岩寺墓塔林东侧始建于明万历五年（1577年）的三教堂、历城华阳宫明代三教堂等。明崇祯年间（1628—1644年）塑玉皇大帝像于御书阁内，辟支塔西北向有朝元殿、关帝庙，寺院东北向有玉皇殿，这些塑像与建筑物的出现进一步证明了明清时期的灵岩寺出现了三教相处共荣的场景。在此背景下，观音像周围洞穴中出现道士的身影也是正常的，是宗教发展的体现。依据这诸多文化元素可以判断，整体洞穴始建于元元统元年，基础框架保存至今。根据洞穴中所示各雕塑的特征判断，殿宇结构、护法力士应为元代原作，供养人应为明代嘉靖时期增塑，道士应为明神宗万历十五年补塑。

三、壁坛木质佛像

千佛殿，因奉祀众多佛像而得名。千佛殿内周壁悬挂壁坛，放置千佛，其中原有的木质佛像（图57）283尊，现已移至文物库房封存，今殿内看到的是仿制品。

图 57　宋代木质小佛像

原木质佛像通高在0.28—0.33米，通体贴金，皆结跏趺坐式，端坐于仰覆莲花座之上，头悬蓝色发髻，髻形高耸，螺髻清晰，髻上缀有红色宝珠。佛像皆额际饱满，眉毛、眼球为黑墨描涂，鼻梁短而挺秀，口小内敛，双唇抹红，两颊圆润丰满，面容清秀；身着袒右式袈裟，右臂裸露；脖颈适中、圆润，且显柔美，有肉线纹。木质佛像双手相叠做禅定状，亦有说法、无畏、合掌、智慧手印者。众佛像整躯造型颇显清秀，体态莹润，肢体舒展，比例适中，具有较高艺术价值。在木质佛像莲座立面中央均留有书写题记区域，但绝大多数被后人涂抹，所题不可辨识；只有少量能够识读出部分字迹，这样的有21处，所题皆为信士供养佛祖之类的内容，不显纪年题记。在能识别的题写内容中便涉及德平县（临邑县东北）、济阳县、章丘县、肥城县、齐河县、阳谷县、泰安州、北京、泗水县、德州、蒙阴县、平阳府（山西临汾）、通州（北京）、禹城县、冀州（河北衡水）、利津县、益都县、南皮县（河北沧州）等地方，18个古地名，可见施财供养者来自多个地区，灵岩寺千佛殿在古时影响广泛且深远。诸地名中最晚改名的是冀州，清代雍正二年（1724年）冀州才升为直隶州，由此证明这批佛像至少是清雍正之前的遗物。根据造型艺术风格判断，这些佛像应为宋代作品。

宋代王逵"齐州灵岩寺千佛殿记"碑载："至若黄金涂像……复如彼，则千佛之中处膺大僧雄氏……厥后有僧琼环者，次第以轮奂，其如土木之华、绘塑之美、泉石之丽、草木之秀、森森然棋布前后，远者咸以耳闻之，近者咸以目击之，于千佛之旨何啻于形影之外！"宋景德年间，琼环长老受命于朝廷重修千佛殿，初置千佛像，应是千佛殿名谓之始，现存木质佛像应为同期作品。碑中曰"则千佛中处膺大雄氏"，即清版《灵岩志》所载"千佛殿唐宋时名大雄宝殿"①是也。景德年间重修后，大雄宝殿更名为"千佛殿"。大殿历经屡次重修，木质佛像遗失严重。

①〔清〕马大相：《灵岩志》，山东友谊出版社1994年版，第29页。

第三部分

泥塑彩色罗汉像

千佛殿内置存的40尊彩色泥塑罗汉像，为中外学者所关注，历史上也有众多的文人墨客撰写和咏吟关于彩色罗汉像的文章和诗词。近代学者梁启超誉之为"海内第一名塑"；现代国画大师刘海粟为其题词："灵岩名塑，天下第一，有血有肉，活灵活现。"彩色罗汉像所承载的文化元素在中国艺术、宗教（特别是佛教）发展史上都占有重要地位，深度研究这些罗汉像的时代特征与艺术风格，对宣传和保护中国传统文化艺术有重要的意义。故此，本书独列章节对其予以研究，以示其重要性。

一、总体概况

灵岩寺千佛殿泥塑罗汉像，蕴藏着丰富的中国古代文化艺术，深受考古、佛教、造像艺术等方面的专家学者的青睐。这些彩色泥塑罗汉像具有形象逼真、个性鲜明、神情明朗、世俗化强等突出的艺术特点，在中国雕塑史、美术史、艺术史上均占有重要地位。相关文章多从其表象出发，对其容貌、姿态、衣饰、色彩等方面入笔研究，再进行艺术概括，进而引申至社会、佛教、艺术等相关领域，论其在这些领域的影响。笔者在此则通过考古手法，借鉴前人研究的成果，加深对每尊罗汉像的具体考证，撮集成文，以飨读者。

罗汉像以佛教造像的形式，采用世俗化的形象进行雕塑，其形体、面目、神情、衣饰等方面的塑制近似于现实生活中的自然人形象。"其塑造手法精练，不独面目入神，且身躯手足比例，亦极相称。丰者肌肉停匀，癯瘠者脉络在手、筋骨见胸，猛勇者怒目，耄耋者低眉；在表情上或慈祥含笑，或舒颜展目，或瞑目沉思，或愤慨填膺，无不惟妙惟肖；至于动态，有垂袖，有露肘，有牵裾，有端拱，有拄杖，有合掌趺坐，有伸手有所指，有双手高举额前入定，有屈一膝者，有脱双履者，其状非一，衣纹异致，可谓无一雷同。"① 经国家文物局批准，1981—1984年，文物专家团队对千佛殿罗汉像进行修复（图58、图59），其重点工程为：一是黏接复原部分罗汉像的四肢及膝盖以下脱落坠地的下肢裙裾部位；二是对罗汉像局部起甲彩绘进行复原加固；三是对罗汉像除尘补旧；四是对每尊罗汉像整躯进行封闭式杀菌消毒。笔者根据当年参加修复工程工作人员的考察日记，总结出了罗汉像制作的大致工序：先做出木制骨架；再用芦苇和谷稻草构成肌体的雏形；再用压、打的方法上贴大泥，做出粗轮廓，塑制成胚胎；然

图58　20世纪80年代初，由国家、山东省、济南市专家组成的罗汉像维修班子成员

图59　文物专家对罗汉像进行修复

① 张鹤云：《长清灵岩寺古代塑像考》，《文物》1959年第12期，第2页。

后采用压、贴、塑、削、挖等手法做出具体形象，雕琢细部，泥胎遂即完成；泥胎阴干后实施彩绘。明万历十六年（1588年），罗汉像自般舟殿迁移于千佛殿时普妆敷彩，其妆銮的方法是：在原始彩绘罗汉像体胎上涂抹掺和胶质泥的垩白底色；再用点、刷、涂、描等技法敷彩，画出细部，眉毛、胡须多以色墨描画，眼睛嵌入琉璃珠；肌肤裸露部分涂以油蜡或蛋清润饰，使皮肤柔软、有光泽。经历过明代的普妆敷彩，早期的罗汉像彩绘被覆盖，已不能目睹。20世纪80年代维修期间，维修专家通过对西第13尊罗汉像的探视与解剖发现："这尊彩塑的泥层材料配比，据箱体左侧部位取样分析，由表及里逐层记录如下表所示（百分比均为重量比）。"[1]

西第 13 尊罗汉像彩塑的泥层材料配比情况

序号	泥层材料名称	颜色、重量、材质等情况
1	彩绘层	白地上有黄、蓝、粉红等色
2	棉花泥层	厚 0.5 厘米。总重 6.6 克，其中棉花 0.76%，砂粒 53.03%，黄土 46.21%
3	彩绘层	白地上有绿色
4	棉花泥层	厚 0.8 厘米。总重 15.2 克，其中棉花 2.63%，砂粒 51.32%，黄土 46.05%
5	麦糠泥层	厚 3–10.5 厘米。总重 21.5 克，其中麦糠 0.93%，砂粒 33.49%，黄土 65.58%
6	麦糠泥层	厚 1.4–1.6 厘米。总重 36.1 克，其中麦糠 1.39%，砂粒 23.27%，黄土 75.35%
7	麦糠泥层	厚 4.6–6.6 厘米。总重 30.1 克，其中麦糠 4.98%，砂粒 21.93%，黄土 73.09%

通过维修，我们了解到罗汉像塑制方面的几个特点：

（一）整体造型雕画出罗汉的人物气质

在中国古代，由于交通不便，各地艺术家之间交流较少，雕塑技法的地域特色较为明显。艺术家的塑造灵感来源于生活，所以在塑造人物方面多体现出其所在地的人物特征，如南方地区的艺术家塑造出来的人物形象

---

① 胡继高：《山东长清灵岩寺彩色泥塑罗汉像的修复》，《考古》1983 年第 11 期，第 1032 页。

往往比较灵巧、生动、活泼，北方地区的艺术家塑造出来的人物形象则比较朴实、大方、庄重、豪放。灵岩寺罗汉像皆是北方人的结构特征，塑制的工匠们应是北方的雕塑大家。其造像结构特征具备两大特点：一是罗汉像身体各部分比例精准。如：各像身躯比例适度，坐高比例准确，身体与头部、四肢的长度适中。二是罗汉像五官造型刻画到位。如：各像眉弓、额际、鼻唇沟、下颌骨、喉结、锁骨、肩胛骨等部位清晰，其饱满的额头、坚挺的鼻子、丰盈的嘴唇、柔润的手背、清晰的脉络等，均突出了强烈的造型质感，给人以骨是骨、肉是肉的感觉，刻画非常到位。

（二）衣纹展示表现出罗汉的性格心理

衣纹的展示是衬托人物神态和动作的重要表现手法。对衣纹的塑造，能够表现出躯体动态，反映出罗汉的内心世界，达到"衣形示动""以形写神"的目的。塑像的制作者充分利用袈裟宽衣、大袖、长袍的优势，塑造罗汉像不同的造型，展现出每尊罗汉不同的心理状态。如：内心平和者，衣纹顺畅，自然下垂，表现出罗汉平静的姿态；讲法者，衣纹密集，褶皱和衣饰层面繁多，呈现出摆动的状态，表现出罗汉严肃、庄重的性格特点；高论者，手臂高悬，一肩凸起，使袈裟失去平衡，肩部褶皱密集而紧凑，表现出广言阔论、激情高昂的罗汉形象。每尊罗汉的职业和内心世界不同，故其塑像的衣纹结构也有所差异，衣纹结构随罗汉的动作和心境变化而变化，艺术家们以被定格罗汉的瞬间身姿，展现了罗汉的即时形态。宽衣大袖、松弛长袍的袈裟在雕塑中以大线条出现，线条的此起彼伏、时隐时现、时轻时重，突出了空间艺术魅力。艺术家们或微微雕琢，或大刀阔斧，将罗汉的形姿与身心融合于艺术作品中，故才能体现出造像流畅、洒脱的一面。进而，艺术家们又通过高超的技艺，将丝绸、麻布等不同材质的衣着服饰特征表现了出来，增加了塑像的立体感和材质感。

（三）妆彩运用突出了罗汉像的立体感

千佛殿罗汉像普遍采用了中国传统的妆彩手法，主要使用了红、黄、蓝、绿、白等色的天然原料，通过颜色由深入浅的变化来展现色彩的多样性。用一种基础颜色，通过调色后展现出深色、中色、浅色三种，能使色彩更加丰富立体。用粉末状的矿物质颜料——石青、石绿、铁红、朱砂、钛白等与蛋清混合，为罗汉像上妆彩，这种方法可使塑像不易褪色，保存时间久远。另外，塑像还使用了中国造像装饰工艺手法中的"贴金立粉"法，艺术家们在塑像的帛巾、领口、袖口、裙裾边沿贴金线剪边，并在显要部位施以立粉，利用白粉和胶的混合物，通过装裱工艺将罗汉像服饰上的花纹裱画出来，再进行着色，以增加立体感，使罗汉像光彩照人，威严肃穆。这种"贴金立粉"手法多用于寺庙中佛像和壁画的制作。

（四）木质骨架支撑罗汉像的身体

在对罗汉像进行修复期间，为了更好地研究罗汉像的内部结构，经上级部门批准，维修工作人员对部分罗汉像的身躯进行了探视和局部解剖，从中发现了宋代墨书题记、铜镜和钱币，从而证实了大部分罗汉像的身躯是宋代作品。西13号罗汉像"塑像胸腔内部以一空木箱支撑，箱体由多块木板用铁钉连接。左、右两边用整块木板做成。板长约66厘米、宽约18.5厘米、厚1.5—1.7厘米。这两块长木板的顶端各开了一个凹口，以一块宽6.5厘米、厚6.7厘米，两头带榫的横木枋与之扣合，并以镘头小铁钉钉牢。这横木枋相当肩宽，与两块长木板连成一个整体，起着受力的支柱作用。即使这两块长板受到外压力，也不会移位靠拢，以保持固定的距离。横木枋的中部砍出一凹口，在凹口处立一根粗5.5厘米的木棒，作为塑像头部的支架，并以铁钉连接。因为塑像的头微向右偏，所以木棒与横木枋连接时也向右微偏。长板的中部砍成收胸、弓背的形状，前后两部分是用11块横木板随形排列（前胸6块、后背5块），木板长23.5—25厘米、厚1—1.4厘米，宽度不一，最宽者为17厘米，窄者仅5厘米。每块木板的两头均以镘头小铁钉固定。很明显，箱体做出收胸、弓背等形状完全是按照塑像的姿态精心设计制作的。这种空箱体的运用，有别于以往所知唐、宋泥塑（如敦煌、麦积山石窟之唐塑及晋祠圣母殿宋塑）以主心木为胎骨的做法。它具有节省塑泥、降低泥塑重量及减少泥层开裂等作用。腹前泥层内部亦用木板制作了一个稍小的空箱体，与以上竖立的胸腔箱体相连接。构成腹前箱体的木板制作粗糙，均以小铁钉连接。塑像的腿部以直径4.5—7.5厘米的木棍为骨架，足部的木骨作足形，表面粗糙，有明显的锛、斧砍削痕。这是当时的塑像家们为了便于挂泥，有意识这样做的。下垂的右边衣袖内部的骨架，是由5根不太粗的枝条和1根旧木框的边条组成。以上木材鉴定结果：胸腔箱体为柳木；腹前箱体为榆木；腿骨为槐木。连接固定各部位骨架的铁钉分大、小两种，共发现镊头大铁钉5根，长8.5—9.7厘米、钉头宽1.7—1.9厘米。镊头小铁钉12根，长约4.8厘米、钉头宽0.6厘米。铁钉经分析，均为锻铁，锻打时的温度没有达到1500℃，因而渣质未排除干净。由于含碳量少，质地较软。塑像与须弥座之间铺垫谷草，具有一定的隔潮作用。下垂的小腿、衣摆，以及坐毯等，亦用谷草为筋骨。①”

在西8号罗汉像腔体内发现丝绸制作的五脏六腑人体器官（图60）、护心镜和五色药等物品，为国内罕见。从十尊罗汉像体内发现了宋代铜镜，分别是西2号（图61）、西8号、西10号、西14号（图62）、西15号、西19号、东2号、东4号、东9号、东11号；从三尊罗汉像体内发现了铜币，分别是西8号、西15号、东8号，这些铜币是从隋代开皇至宋代嘉祐年间的。通过探视可知，塑像胸腔内木构架采用箱式结构（图63），泥层使用棉花、砂泥为之。西8号罗汉像的丝质器官悬于穿过胸腔箱体的木柱之上。这种结构是不同于其他塑像构造的，它一方面可以透气通风，令塑像干燥较快；另一方面由于泥少胎薄，可以减少干缩度，令塑像不易变形。由此看来，这些罗汉像至今仍被保存得如此完好，定与其运用了独特的箱式结构有关。古代塑造神像是一项严肃、神圣的工作，除对画师、工匠的艺术造诣有严格的要求外，还要求塑造神像者是品德崇高、心怀虔诚、对佛有着敬畏之心的佛教徒。只有匠人的身心与塑制的偶像能达到融合、统一的地步，才能使罗汉人物造像充满神韵和灵气。中国传统雕塑有自己的艺术体系，一脉相承。灵岩

---

① 胡继高：《山东长清县灵岩寺彩色泥塑罗汉像的修复》，《考古》1983年第11期，第1032页。

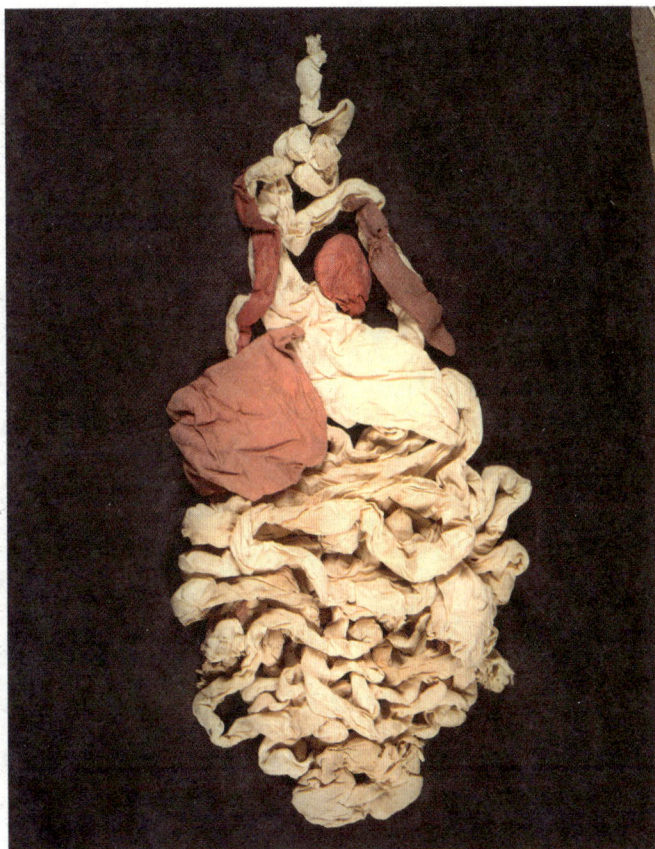

图 60　西 8 号罗汉像腔
体内发现丝绸制作的人
体器官

图 61　西 2 号罗汉像腔
体内发现双凤如意纹铜镜

图 62　西 14 号罗汉像腔体内发现亚字形缠枝草花镜

图 63　西 13 号罗汉像胸腔内的箱体

寺罗汉像有着传统工艺的突出展现，其塑造时注重"以形写神""形神兼备"的特点，通过对人物面部表情、肢体动作及衣纹服饰瞬间的动态塑造来突出"神韵"，以人物的身姿、肌肉、关节、经脉等构造来体现主题。

本书依据《山东长清灵岩寺罗汉像的塑制年代及有关问题》[①]为罗汉像编号排序（图64）以便于陈述：从大殿正门进入，西侧罗汉像自南而北依次为西1—20号；东侧罗汉像，自南向北依次为东1—20号。在20世纪80年代维修罗汉像时有四个重大发现：一是在西8号罗汉像腔体内发现丝制内脏一具；二是在西11号罗汉像腔体内剥离出较完整的铁罗汉像（图65）一尊，座后铸有题记；三是在西17号罗汉像腔体内发现工匠墨书题记（图66）；四是在诸尊罗汉像腔体内出

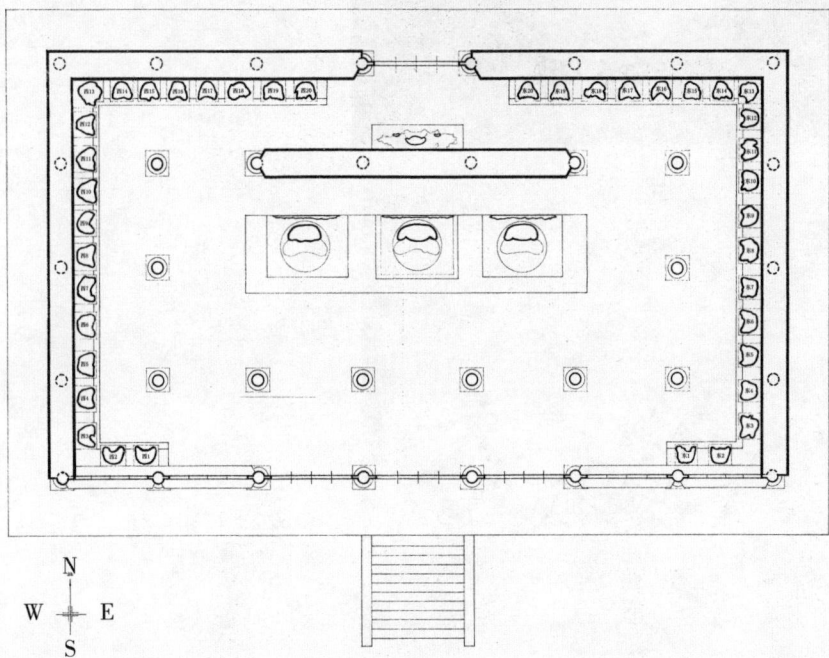

图64　千佛殿罗汉像平面布局图

---

① 周福森：《山东长清灵岩寺罗汉像的塑制年代及有关问题》，《文物》1984年第3期，第76—82页。

图 65　从西 11 号罗汉像体中取出的铁罗汉像

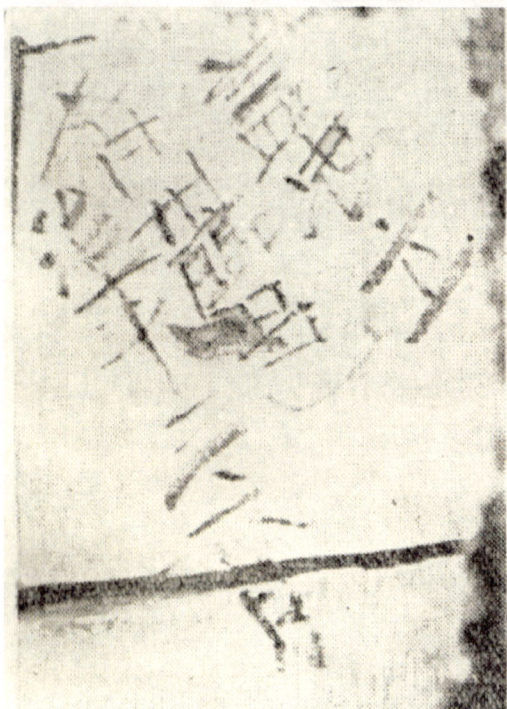

图 66　西 17 号罗汉像腔体内的墨书题记

土宋代铜镜、钱币若干。根据这些来自诸罗汉像身躯部位的文物资料、塑像木骨架及泥塑制作工艺等综合鉴定，确定为宋代雕塑的有：西1、2、3、5、6、8、10、12、13、14、15、16、17、18、19号罗汉像（计有15尊）和东1、2、5、7、8、13、14、15、16、17、19、20号罗汉像（计有12尊），总计27尊。

二、各罗汉像状况

40尊彩色泥塑罗汉像分布于千佛殿四周，东、西区域各20尊。造像座由青砖为之，被砌于高0.27米、深0.97米的砖砌低矮平台上，呈束腰须弥式，高0.56米、深0.67米，通长随需。造像座上下各出挑三层，中间层作枭混式，腰部素面平饰，使用素面蜀柱间隔，通长随需。座前出足台，长0.95米、宽0.30米、高0.12米，放置双足。足台面至座台面均高0.44米。造像座下铺饰长0.95米、深0.67米、厚0.015米的泥质"毛毯"。自座台面至造像头顶高1.01—1.13米，略大于自然人的体量。

依据现存罗汉像在千佛殿的位置与其在墙壁上的挂牌名谓分别介绍各罗汉像的情况。

西1：庐山莲社慧远大师（图67）。慧远（334—416年），俗姓贾，东晋雁门楼烦（今山西宁武）人，初学于道安大师门下。378年，前秦围攻襄阳，道安分遣徒众，慧远率数十人南下定居浔阳东林寺。他集儒释道之造诣，立三世报应之说，开启佛教净土之宗，为中国净土宗之初祖。该塑像为结跏趺坐式，高1.53米（座台面至头顶1.09米，足台面至座台面同为0.44米，以下同），身躯直挺，体量匀称。头颅宽大，头顶宽阔，略有隆起，眉弓粗壮，凝眉蹙目，直观前方，额线深陷；鼻梁直挺宽大，鼻翼内敛，颧骨宽大高耸，两颐肌肉下垂；两唇紧闭，嘴角内收，双耳肥大，神情颇显凝重。

图 67　西 1 号罗汉像：庐山莲社慧远大师（线图附下）

脖颈适中，喉结、甲状软骨略有呈现，颈胸结构自然，略有锁骨及颈三角的出现。身躯显露部位施以肉色，形象逼真。溜肩，身着宽衣大袖式袈裟，领口左压右交互，腰系衣带作结。肩披彩绘帛巾，左肩垂环式吊装。双手相叠做禅定状，衣袖宽大，袖口垂至脚面。衣裾自然垂落覆盖下肢。双腿交叠不显形制，颇为生硬。身姿处于静态，故使衣褶多显示竖立垂直状态。领口内衣显白领，外有蓝色格状及赭红色相间条带。袈裟面幅呈蓝色，袖口绘以红绿相间的牡丹花卉。在帛巾、领口、袖口及裙裾边沿贴金线剪边，帛巾、袖口施以立粉彩绘，颇显艳丽富贵。

西 2：密行罗睺罗尊者（图68）。罗睺罗为释迦牟尼出家前之子，佛祖成道归乡时跟随佛祖出家，后成为其十大弟子之一。其"不毁禁戒，诵读不懈"，被称为"密行第一"。该塑像双脚触地，为善跏坐式；高 1.46 米，身躯前躬，后背高隆，双手分别抬至额头和下颌部位，手心相对，做说法描述状。头颅宽大，头顶宽阔，略有隆起，眉弓粗壮，额线深陷，凝神目视，直观前方；鼻梁直挺，鼻尖前凸，颧骨宽大高耸，两颊肌肉内收；两唇开启，嘴角外侧肌肉褶皱呈弧形，表情集中，神情凝重，颇有叙说的动态。脖颈适中，喉结、甲状软骨、颈动脉、锁骨及颈三角皆有明显的呈现。肩宽臂厚，身着宽衣大袖式袈裟，领口左压右交互，腰系衣带作小结。衣裾自然垂落至脚面，双腿平行放置，足尖朝前，体量匀称。身姿处于平静说法的状态，衣褶显示垂直。领口内衣显白领，外有蓝格状条带相间，袈裟面幅呈赭红色底，施以蓝、黄色，绘以小型花卉图案。领口、袖口及裙裾边沿贴金线剪边；帛巾、袖口施以立粉菊花彩绘，鲜艳明亮，立体效果强，颇显艳丽富贵。自腰际以上的胸腔右侧至右臂，着深褐色，其间开光三处圆形白地，中间书以蓝色"寿"字。

西 3：须波陀罗尊者（图69），据《长阿含经》卷四载，是释迦牟尼的最后一个弟子，原为婆罗门教学者，听释迦牟尼临逝前说法后皈依佛教而得道。该塑像一脚触地，一腿盘曲，为游戏坐式；高 1.54 米，身躯直挺，体量匀称。双手上下抬至胸前，手心相对，做演示状。头颅宽大，头顶宽阔，略有隆起，眉弓粗壮，额线深陷，凝神聚目，直视前方；鼻梁直挺高凸，颧骨宽大高耸，两颊肌肉紧凑；两唇微启，嘴角下垂，有聆听后的反应显示。脖颈适中，喉结、

图 68　西 2 号罗汉像：密行罗睺罗尊者（线图附下）

图 69　西 3 号罗汉像：须波陀罗尊者（线图附下）

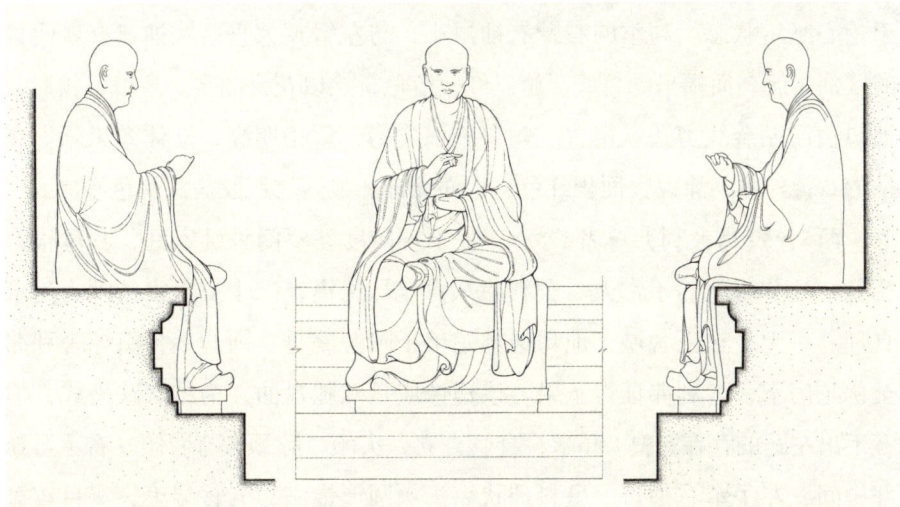

甲状软骨、颈动脉、锁骨及颈三角皆较明显。膀臂适中,身着宽衣大袖式袈裟,领口左压右交互。衣裾自然垂落至脚面,双肩披帛巾,施以贴金立粉彩绘。左腿臃肿盘屈,右脚垂下。衣褶显示垂直状态。领口内衣显白领,外有蓝格状条带相间,袈裟面幅呈蓝色底,施以蓝、红色,绘以小型菊花图案。帛巾、领口、袖口及裙裾边沿贴金线剪边;帛巾、领口施以立粉,鲜艳明亮,立体效果强,颇显艳丽。在帛巾、垂袖和袈裟的下部两侧开光,呈不规则圆形、白色底,书以"万"和"佛"字。

西4:解空须菩提尊者(图70),为佛陀的十大弟子之一,生在古印度舍卫城的婆罗门家庭,父亲名为须摩那长者,哥哥是大名鼎鼎的给孤独长者。《净名经集解关中疏》中记载:须菩提出生之时,家室皆空,故名"空生";后随释迦牟尼佛出家修道,入无诤三昧,常行善业,故又名"善业"。修行中好入空定,因而般若教理以其为始祖,世谓"解空第一",驰名佛门。该塑像双脚触地,为善跏坐式;高1.55米,身躯和头颅略有左转,目光左斜视。左手扶膝,右手虚握高举至肩部。头颅额际方圆饱满,头顶浑圆,瞪目平视;鼻梁直挺通额际,颧骨肥大圆润,两颐肌肉丰腴;两唇紧闭,嘴角内收,双耳肥大。脖颈适中,无喉结、甲状软骨的展现,锁骨显示的位置不正确。高抬的右臂与身躯相比显得短小,其余身躯比例适中。身着宽衣大袖式袈裟,双肩披帛巾。领口左压右交互,内衣白领。衣裾自然垂落至脚面,身姿处于信心坚定状态。高举的右臂衣袖短小,与左臂宽大垂落式袖口有着明显的区别。袈裟面幅呈绿色底,施以红、蓝色,绘以花卉图案。帛巾、领口、袖口边沿贴金线剪边;帛巾、领口施以立粉,鲜艳明亮,立体效果强。高举的右臂外侧,涂以大面积红色,素面无饰。显露之肌肤为深褐色漫涂。

西5:贅嚣舍利弗尊者(图71),生于古印度婆罗门种姓家庭,其母很有智慧,怀孕时就异于常人。舍利弗八岁登坛论道,二十岁出家访师去追求真理。一天,在王舍城,他巧遇佛陀弟子阿舍婆誓。阿舍婆誓引导舍利弗至佛陀门下,舍利弗证得圣果。该塑像应是双腿盘曲,为结跏趺坐式,但看不出左腿的存在;高1.46米,身躯直立,头颅、脖颈微有右倾。右手至腿部中间,左手牵右袖口,呈料理状。头颅圆形饱满,五官端正,双目较显

图 70　西 4 号罗汉像：解空须菩提尊者（线图附下）

图 71　西 5 号罗汉像：赘罵舍利弗尊者（线图附下）

细小，鼻梁挺立俊秀；颧骨匀称恬淡，两颐肌肉丰盈；嘴唇适中闭合，嘴角内收。脖颈略显合适，有肉线纹，喉结、甲状软骨没有显现。颈胸结合较为生硬，裸露的胸部显不出肋骨的结构，平坦无饰。身躯比例适度，着宽衣大袖式袈裟，左肩披帛巾。领口左压右交互，内衣领口呈白色，外饰蓝、绿色条带相间。衣裾松散垂落于膝盖以下至地面，右衣袖衣褶有瞬间动感的表现。袈裟面幅呈绿色底，施以红、蓝色，绘以花卉图案。帛巾、领口边沿贴金线剪边；帛巾、领口施以立粉牡丹、莲花图案，鲜艳明亮，立体效果强。上身右臂外侧施以黑底色漫涂，无饰。

西6：灵山会上波陀夷尊者（图72），即释迦牟尼佛在灵鹫山说法时之会座。相传，佛陀在灵山会上说法，尊者以金色波罗花献佛，并以身为床座，请佛为众生讲法。该塑像双脚触地，为善跏坐式；高1.48米，身躯微微前躬，脖颈右转九十度，双手虚握，疑似执有手杖之类，做期待状。头颅宽大，头顶宽阔，略有隆起，眉弓粗壮，额线深陷，凝神聚目；鼻梁直挺，鼻尖前凸，颧骨宽大高耸，两颐肌肉内收；两唇紧闭，嘴角深陷，神情凝重。脖颈适中，喉结、甲状软骨、颈动脉、锁骨、颈三角、肋骨皆明显地呈现，肩臂匀称。身着蓝色为主的补丁叠加彩绘袈裟，左肩袈裟滑落，裸露前胸、左臂、后背；上身裹紧，单薄的领口无内衣衬，袖口短小，悬至腰际而结束，褶皱密集，短小紧密。下体袈裟宽大疏松，衣饰自然垂落，衣褶颇为协调，边沿部位贴金。左臂弯处搭置有赭红色底，施以立粉梅花图案，与破衣烂衫的上衣有天壤之别，与下体的服饰极为相称，应为下体袈裟的上体部分。

西7：天台醉菩提济颠和尚（图73），即南宋道济和尚（1150—1209年），浙江台州人，自幼聪颖，博古论诗，先后在国清寺、灵隐寺、净慈寺拜师学佛。相传，因为他不守戒律，嗜酒吃肉，言行癫狂，所以被称为济颠僧，又称济公和尚。该塑像两腿触地；高1.51米，身躯直立，脖颈与头颅左转，眼小目细，目光左视。双手抬至胸部，手心朝上，指朝左方，做输出状。头颅长方饱满，头顶浑圆，鼻梁短小，鼻唇距离较远；颧骨颊长滑润，两颐肌肉丰腴；嘴窄口小，嘴角下拉。脖颈粗壮适中、圆润，有肉线纹，不显喉结、甲状软骨。颈胸结合颇为生硬，胸部裸露，肋骨结构不显，胸部

图72　西6号罗汉像：灵山会上波陀夷尊者（线图附下）

图 73　西 7 号罗汉像：天台醉菩提济颠和尚（线图附下）

平坦无饰。身躯比例适中，着宽衣大袖式袈裟，左肩披帛巾和吊装。领口左压右交互，内衣领口露里显赭红色，领口呈白色，外饰为蓝、绿色条带相间。衣裾垂落至脚面，衣褶为自然垂直状，裙裾衣褶显流畅。袈裟面幅呈墨绿色底，施以蓝、红色，绘以花卉图案。帛巾、领口边沿贴金线剪边；帛巾、领口施以立粉花卉，鲜艳明亮。上身右臂外侧施以赭红色底，开光圆形白底区域书以"佛"字。

西8：忍辱无嗔伏虎禅师（图74），南梁僧人。梁武帝时居住拾宝岩，隔十日坐禅入定，身心入定，内外皆空，半月不食宿，精神依然旺盛安然。他夜间行走山林，猛虎遇到他都避而远之。梁武帝听说这件事后，赐之号"伏虎禅师"。该塑像两腿为自由式盘曲，左腿显示不出存在；高1.47米，上身整体向右倾斜扭转，右手前伸悬空，左手护持右袖衣襟，颇显瞬间动态，呈交流状。脖颈与头颅右转，头形长方饱满，头顶浑圆，眼小目细，目光右视，鼻梁短小，鼻唇距离略大；颧骨颊长滑润，两颐肌肉丰腴；嘴窄唇薄，嘴角内收。脖颈粗壮、圆润，有双肉线纹，显示不出喉结、甲状软骨。颈胸结合颇为生硬，裸露胸部，不显肋骨结构，胸部平坦无饰。身躯比例适中，着宽衣大袖式袈裟，左肩披帛巾和吊装。领口左压右交互，内衣领口呈白色，外饰绿、蓝色条带相间。衣裾垂落至脚面，裙裾衣褶显流畅，呈自然垂直状。袈裟面幅呈墨绿色底，施以蓝、红色，绘以花卉图案。帛巾、领口边沿贴金线剪边；帛巾、领口施以立粉花卉，鲜艳明亮。上身右臂及侧身施以深褐色漫涂，没有其他修饰。肌肤显露部位漫涂黑色。

西9：摩诃劫宾那尊者（图75），《贤愚因缘经·卷七》载为"诸根无漏缺，此谓名长老"，四果阿罗汉位。原是古印度金地国劫宾宁王之太子，于其父崩后嗣位。其禀性聪明，大力勇健，兵众殷炽，威风远振。后欲兴兵攻打舍卫国，波斯匿国王惊惶地到佛陀处请求调解，佛以种种方便，劝服劫宾那。劫宾那对佛法心生敬信，求索出家，后证得阿罗汉果。该塑像双足触地端坐；高1.45米，身躯直立，右手抬至胸前，左臂依偎于矮墙之上，左手自然前伸腰间，呈凝神状。头颅方形，大而饱满，五官端正，双目显大，鼻梁不显挺立，鼻翼略显蒜头形；颧骨圆滑肥胖，两颐肌肉丰盈；

图74　西8号罗汉像：忍辱无嗔伏虎禅师（线图附下）

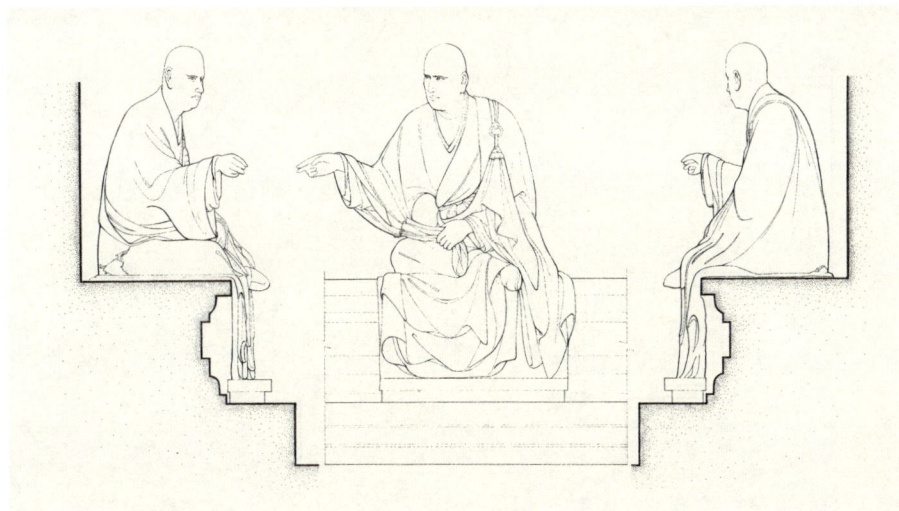

图 75　西 9 号罗汉像：摩诃劫宾那尊者（线图附下）

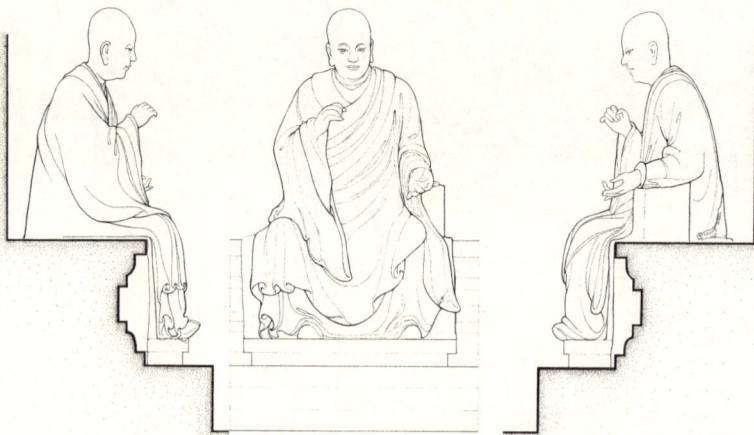

嘴唇适中微启，嘴角内收。脖颈较显粗壮，有肉线纹，不显示喉结、甲状软骨及颈动脉。颈胸结合较为生硬，裸露胸部，锁骨结构没有显示出来，胸部平坦无饰。整躯比例适度，着宽衣大袖式袈裟，左肩披帛巾。领口左压右交互，领口小，内衣领口呈白色，外饰绿色条带，衣裾松散垂落至地面。袈裟面幅左侧呈绿色底，施以红、蓝色花卉图案。帛巾、领口边沿贴金线剪边；帛巾施以立粉莲花图案，鲜艳明亮。上身右臂外侧施以红色底漫涂，用蓝色勾画菊花叶、瓣图案。

西10：宾头卢婆罗多罗尊者（图76），十八罗汉之一。相传他曾乘鹿入皇宫劝喻国王学佛修行，被誉为坐鹿罗汉。他说法之音如狮子吼，降服外道，护持正法，故佛陀记其为狮子吼第一。又因他不涅槃，为末法时期众生作大福田，又被称为福田第一。他白发、长眉、童颜，性格开朗随性、活泼机灵，不乏智慧和沉稳，个性明显。该塑像两腿盘曲端坐；高1.49米，身躯直立。头颅长方饱满，头顶浑圆，双目细小，鼻梁短小，鼻唇距离较远；颧骨颊长滑润，两颐肌肉丰腴；嘴窄口小，嘴角内敛。脖颈显粗且圆润，有肉线纹，喉结、甲状软骨不显。颈胸结合颇为生硬，胸部裸露，不显示肋骨结构，胸部平坦无饰。整躯比例适中，双手抬至胸前，上下互动，掌心相对。着宽衣大袖式袈裟，领口左压右交互，内衣领口呈白色，外饰蓝、绿色条带相间，衣裾垂落至地面，裙裾衣褶显流畅。身姿处于讲法状态，衣褶为自然垂直状。袈裟面幅呈蓝色底，施以红、绿色花卉图案。领口边沿贴金线剪边；领口、袖口施以立粉花卉，鲜艳明亮。上身右臂外侧以赭红色底漫涂，无饰。

西11：摩诃罗比丘尊者（图77），为五百罗汉第463尊。《毗奈耶离杂事》载："忽见一摩诃罗比丘，以衣覆头，树下便利。"摩诃罗被译作无知、愚钝、老弱，而他本人则性情憨厚、不拘小节，为童蒙所喜爱。该塑像双足触地端坐；高1.55米，身躯直立，双手相抱抬至胸前，呈虔诚状。头颅方形，大而饱满，五官端正，双眼目视前方，鼻梁挺立，鼻尖高耸；颧骨圆滑肥胖，两颐肌肉丰盈；嘴窄唇薄紧闭，嘴角内收。脖颈较显粗壮，有肉线纹，喉结、甲状软骨及颈动脉不显。颈胸结合较为生硬，裸露胸部，锁骨结构不显，胸部平坦无饰。整躯比例适度，着宽衣大袖式袈裟，左肩披帛巾和吊装。领

图76　西10号罗汉像：宾头卢婆罗多罗尊者（线图附下）

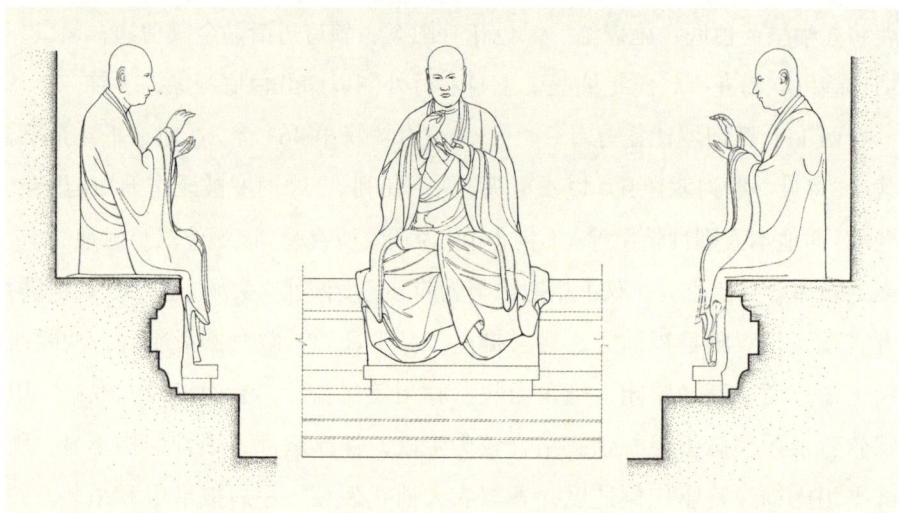

图 77　西 11 号罗汉像：摩诃罗比丘尊者（线图附下）

口左压右交互，内衣领口呈白色，外饰为绿、白色底，蓝线方格状条带相间，衣裾松散垂落至脚面。袈裟面幅左侧呈绿色底，施以红、蓝色花卉图案。帛巾、领口边沿贴金线剪边，帛巾上绘着花卉图案。上身右臂外侧施以黑色底漫涂，立粉出红色火焰形图案。

西12：灵岩开山法定老和尚^{（图78）}，晋宋之际僧人，云游至灵岩讲经，开山辟地，正式创建灵岩寺佛教道场于甘露泉西侧台地。该道场后在北周、唐武宗两次灭佛活动时被毁，遗址尚存，故史称法定为灵岩寺开山祖师。该塑像呈结跏趺坐式；高1.53米，身躯直立端坐，头颅、脖颈微有前倾，双手抬至面部，十指相对，掌心内向，呈朝拜状。头颅圆形饱满，五官端正，双目较显细小，鼻梁挺立俊秀；颧骨匀称恬淡，两颐肌肉丰盈；嘴小唇薄，闭合适中，嘴角内收。脖颈适中，有肉线纹，喉结、甲状软骨不显。颈胸结合较为生硬，裸露胸部，肋骨结构不显，胸部平坦无饰。整躯比例适度，着宽衣大袖式袈裟，左肩披帛巾。领口左压右交互，内衣领口呈白色，外饰为蓝、绿色相间的条带。衣裾裹紧双腿，颇显约束，垂落的衣褶密集而细小，呈横向展示。衣袖衣褶垂直流畅。袈裟面幅呈绿色底，施以红、蓝、黄色的花卉图案。帛巾、领口、袖口边沿贴金线剪边；帛巾、领口施以立粉莲花图案，鲜艳明亮，立体效果强。上身右臂内外侧施以黑色底漫涂，书以"寿"字。

西13：朗公老和尚^{（图79）}，为东晋时期最早"移卜泰山"传佛教于山东的高僧。梁慧皎《高僧传》卷五载："竺僧朗，京兆人也……朗乃于金舆谷昆仑山中别立精舍，犹是泰山西北之一岩也。"在灵岩方山"十八亩地"始创精舍，首传佛教。北魏郦道元《水经注》载："苻坚时沙门僧朗尝从隐士张巨和游，巨和常穴居，而朗居琨瑞山，大起殿舍，连楼累阁。"朗公寺的创建，标志着佛教正式传入山东。该塑像左脚触地，右腿盘曲，为游戏坐式；高1.54米，身躯右倾，上体与面部略有左转，双目随面部略有仰望。左手扶膝，右手高举至肩部，做争辩状。头颅额际方圆饱满，头顶浑圆，双目深凹，鼻梁直挺，鼻翼宽厚；颧骨肥大圆润，两颐肌肉丰腴；两唇紧闭，嘴角内敛，双耳肥大。脖颈适中，略有喉结、甲状软骨及颈动

图 78　西 12 号罗汉像：灵岩开山法定老和尚（线图附下）

图 79 西 13 号罗汉像：朗公老和尚（线图附下）

脉的展现。高抬的右臂与身躯相比略显细小，其余身躯比例适中。身着宽衣大袖式袈裟，左肩披帛巾，领口左压右交互，内衣显白领。衣裾自然垂落至脚面。高举的右臂衣袖呈垂直状态，不显动感。袈裟面幅呈赭红色底，施以蓝、绿、黄色绘成花卉图案。帛巾、领口边沿贴金线剪边；帛巾、领口施以立粉，鲜艳明亮，立体效果强。

西14：降伏外道均菩提沙弥和尚（图80），属印度婆罗门种姓，七岁时其父母与舍利弗令其出家，成为罗汉。得道后，他为感谢恩师，终身做沙弥，供给恩师所需。该塑像两腿盘曲，为结跏趺坐式；高1.51米，身躯直立。头颅长方饱满，头顶浑圆，双目细小，鼻梁挺立清秀；颧骨颊长滑润，两颐肌肉丰腴；嘴窄口小，两唇单薄，嘴角内敛。脖颈显粗且圆润，有肉线纹，喉结、甲状软骨不显。颈胸结合颇为生硬，胸部裸露，肋骨结构不显，胸部平坦无饰。身躯比例适中，双手平行抬至颈前，做操作状。着宽衣大袖式袈裟，左肩披帛巾和吊装。领口左压右交互，内衣领口呈白色，外饰为蓝、绿色条带相间。衣裾垂落至地面，裙裾衣褶显流畅，呈自然垂直状，衣袖褶皱略显堆砌。袈裟面幅呈墨绿色底，施以红、绿、蓝色，绘以花卉图案。帛巾、领口、袖口边沿贴金线剪边；帛巾、领口、袖口施以立粉花卉图案，鲜艳明亮。上身右臂外侧用赭红色底漫涂，无饰。

西15：神力移山金刚比丘尊者（图81），身世不详。该塑像右腿盘曲，不显左腿的存在；高1.52米，身躯直立。头颅饱满，呈长方形，头顶圆浑，双目细小，鼻梁挺立，鼻翼较大；颧骨颊长滑润，两颐肌肉丰腴；嘴窄口小，两唇单薄，嘴角内敛。脖颈显粗且圆润，有肉线纹，喉结、甲状软骨不显。颈胸结合较为生硬，裸露胸部，肋骨结构不显，胸部平坦无饰。身躯比例适中，双手合抱至颈前，做施礼状。着宽衣大袖式袈裟，左臂搭置帛巾。领口左压右交互，内衣领口呈白色，外饰为蓝、绿色条带相间。衣裾垂落至地面；衣袖衣褶显流畅，呈自然垂直状；裙裾衣褶有差异，右显堆砌，左显简洁。袈裟面幅呈墨绿色底，施以红、蓝色，绘以花卉图案。帛巾、领口、袖口边沿贴金线剪边；帛巾、领口、袖口施以立粉花卉图案，鲜艳明亮。上身右臂外侧施以赭红色底，绘以云朵。

图 80 西 14 号罗汉像：降伏外道菩提沙弥和尚（线图附下）

图81　西15号罗汉像：神力移山金刚比丘尊者（线图附下）

　　西16：宋仁钦和尚（图82），福建人，宋建中靖国元年（1101年）诏为灵岩寺住持。"钦公至寺之一年寺境清，二年学人来，三年佛法明，四年天下知灵岩有人，而岁时香火供事遂再盛。"①大观（1107—1110年）初，赐号净照大师。他做住持期间，创建崇兴桥，装銮证明功德龛造像，创建孔雀殿、献殿、绝景亭，重修御书阁。他精诗文书篆，士大夫咸爱与之游，作《灵岩十二景诗》，立"五苦颂"碑。仁钦和尚于政和元年（1111年）离开灵岩寺。该塑像双脚触地，为善跏坐式；高1.50米，身躯直立，目光前视；双手抬至胸部。头颅天庭饱满，头顶浑圆，略有隆起，鼻梁直挺通额际；颧骨宽大圆润，两颐肌肉丰腴；两唇微启，嘴角下拉。脖颈显肥，看不出喉结、甲状软骨。身着宽衣大袖式袈裟，左肩披帛巾，领口左压右交互，内衣白领，衣裾自然垂落至脚面。下体厚度与身躯厚度相比有些单薄，身姿处于期盼、等待状态。袈裟面幅呈赭红色底，施以红、绿色花卉图案。帛巾、领口、袖口边沿贴金线剪边；帛巾、领口施以立粉花卉图案，鲜艳明亮，立体效果强。显露的肌肤用深褐色漫涂。

　　西17：衲子密行尊者（图83），生卒年份及身份信息不详。该塑像端坐，善跏坐式；高1.52米，身躯直挺，上身微微左倾，头颅左转，呈交流状态。头颅宽大，头顶宽阔，略有隆起，眉弓粗壮，额线深陷，凝神聚目，做领会状；鼻梁直挺陡立，鼻尖前凸，颧骨宽大高耸，两颐肌肉内收；两唇紧闭，双耳肥大，颇显期待神情。脖颈适中，喉结、甲状软骨、颈动脉、锁骨、颈三角、肋骨皆有呈现，身躯显露部位施以肉色，形象逼真。溜肩且敦厚，身着宽衣大袖式袈裟，领口左压右交互，腰系衣带作结。左肩披帛巾和垂吊装，显示出华丽富贵之像。双手相叠，衣袖宽大，袖口垂至脚面。衣裾自然垂落覆盖下肢，体量匀称。身姿处于倾听状态，有袖口衣褶左转身的动态变化，颇为形象。内衣显白领，外饰为蓝色格状条带。帛巾、领口、袖口及裙裾边沿贴金线剪边；帛巾、领口、袖口及裙裾施以立粉莲花图案，鲜艳明亮，立体效果强，颇显艳丽。

────────────

①〔宋〕郭思："重修崇修桥记"，今存崇兴桥西。

图82　西16号罗汉像：宋仁钦和尚（线图附下）

图 83　西 17 号罗汉像：衲子密行尊者（线图附下）

西18：太湖慧可神光尊者^{（图84）}。慧可（487—593年），俗姓姬，名光，号神光。年少出家，精研佛典。后适逢禅祖达摩在嵩山少林寺五乳峰下的石洞中面对石壁修行九年，便日夜站立于雪中求拜于达摩，久不见达摩应诺，又持刀自断左臂奉于达摩面前，谓之"断臂立雪"。他的精神感动了禅祖，于是他得到了禅祖衣钵的传承，世谓禅宗二祖。该塑像右脚触地，左腿折立于台座上且显细小，高1.52米。双臂抬至腰际，同伸向右侧；身躯直挺，头颅前伸右转，呈辩论状。头颅宽大，头顶宽阔，略有隆起，眉弓粗壮，额线深陷，神情执着，目光期待；鼻梁直挺高凸，颧骨宽大高耸，两颐肌肉内敛，鼻沟深凹；两唇微启，嘴角内陷。脖颈适中，喉结、甲状软骨、颈动脉、锁骨、颈三角及肋骨皆明显地呈现。膀臂宽厚，身着通肩宽衣大袖式袈裟，领口呈环状，内衣显白领，外有蓝条带相间。胸部裸露面积颇大，腹部以上至胸部之间的肋骨全部暴露。衣裾垂落至脚面和台座面。帛巾、领口有贴金线剪边，鲜艳明亮，立体效果强，颇显艳丽。右侧袈裟面幅呈赭红色底，在肩、臂间开光圆形空间着白地，使用蓝色书以"佛"字；左侧绘有蓝地黄色小型花卉。

西19：天台演教智者大师^{（图85）}，法名智顗（538—597年），陈隋时代的一位高僧。俗姓陈，字德安，荆州华容（今湖北省潜江市）人。父亲做过南梁益阳候，梁元帝亡，亲属离散，智顗深厌人世，去湘州果愿寺出家为僧，时年二十岁。南陈太建七年（575年）入天台山，十年后创中国天台宗。该塑像坐于太师椅上，右脚触地，左腿盘曲，为游戏坐式；高1.54米，身躯和头颅略有左转，目光左斜视，左手指残悬于腰际，右手扶膝，做训斥状。头颅天庭饱满，头顶圆浑，鼻梁直挺通额际，颧骨宽大圆润，两颐肌肉丰腴，两唇微启，嘴角内收，双耳肥大。脖颈粗浑臃肿，无喉结、甲状软骨显现。胸前裸露平坦，不显骨骼结构。身着宽衣大袖式袈裟，左肩披帛巾。领口左压右交互，内衣白领，外有蓝格状条带相间，左腿裹衣显些许拘谨。袈裟面幅呈墨绿色底，施以红、蓝、白色，绘以花卉、云朵图案。帛巾、领口边沿贴金线剪边；帛巾、袍袖施以立粉。显露肌肤为深褐色漫涂。

图84　西18号罗汉像：太湖慧可神光尊者（线图附下）

图 85　西 19 号罗汉像：天台演教智者大师（线图附下）

西20：律藏会上优婆离尊者（图86），释迦牟尼佛的十大弟子之一，出身于古印度的低下层，佛陀为太子时，他是释迦王族的理发师，后随佛陀出家。在生活上重视行、住、坐、卧四种威仪，遵守佛制定的戒条，从不毁犯，被大众推为"持戒第一"。该塑像左脚触地，右腿盘曲；高1.53米，身躯直立，头颅、脖颈右向转，左手扶膝，右臂抬举至胸部右伸，呈对话交流状。头颅方形，大而饱满，五官端正，鼻梁挺立适中；颧骨圆滑肥胖，两颊肌肉丰盈；嘴窄，唇薄微启。脖颈较显粗壮，略显肉线纹、喉结、甲状软骨及颈动脉。颈胸结合较为生硬，裸露胸部，锁骨结构不显，胸部平坦无饰。整躯比例适度，着宽衣大袖式袈裟，左肩披帛巾和吊装。领口左压右交互，内衣领口呈白色，外饰绿色条带，衣裾松散垂落至脚面。袈裟面幅左侧呈绿色底，施以红、蓝色，绘以花卉图案。帛巾、领口边沿贴金线剪边，吊装红色无饰；帛巾、领口立粉红色牡丹图案。上身右臂外侧亦呈绿色底，无饰。

东1：菩提达摩尊者（图87），印度人，原名菩提多罗，刹帝利种姓。传说他是南天竺国香至王的第三子，出家后倾心大乘佛法，相传是印度佛传禅宗第二十八祖。南朝梁武帝普通年间（520—527年），他自印度航海来到广州进入中国，最后来到嵩山少林寺，在五乳峰下石洞中面对石壁修行九年，建立禅宗学说，改名为菩提达摩，为中国禅宗的始祖。该塑像端坐，结跏趺坐式；高1.55米，身躯略微前倾。头颅额际宽大，头顶帛巾覆盖自然垂下；眉弓粗壮，额线深陷，闭目深思；鼻梁直挺宽大，鼻翼内敛，致使鼻沟深凹；颧骨宽大高耸，两颊肌肉内收，两唇紧闭，双耳肥大，神情颇显凝重。脖颈适中，喉结、甲状软骨、颈动脉、锁骨、颈三角及肋骨皆有显示。身躯显露部位施以黑色，形象逼真。身着宽衣大袖式袈裟，领口左压右交互。内衣显白领，外有蓝格状条带相间，腰系衣带作结。双手相叠在前，衣袖宽大垂至地面，衣裾自然垂落覆盖下肢，体量匀称。身姿处于禅定状态，衣褶多垂直状态，颇显庄严。袈裟里面呈赭红色，外表施以蓝色底，彩绘以蓝、绿、红色花卉图案。在头盖帛巾的边沿有贴金边线，边缘部位妆立粉花卉图案。

图 86　西 20 号罗汉像：律藏会上优婆离尊者（线图附下）

图 87 东 1 号罗汉像：菩提达摩尊者（线图附下）

东2：摩诃迦叶尊者（图88），佛陀十大弟子之一，生于王舍城近郊婆罗门家族。佛陀成道后第三年为佛弟子，随即证入阿罗汉境地，为佛陀弟子中最无执着之念者。他人格清廉，深受佛陀信赖，佛陀分予半座。佛陀入灭后，他成为教团之统率者。该塑像右脚触地，左腿盘曲；高1.57米，身躯、脖颈、头颅逐渐加大向左转的角度，双手抬起，左臂向左直伸，掌心朝上，右手拊护左臂衣襟，呈礼让状。头颅浑圆饱满，五官端正，双目较显细小，鼻梁挺立俊秀；颧骨匀称适中，两颐肌肉丰盈；嘴小唇薄闭合，嘴角内收。脖颈粗细适中，略显喉结、甲状软骨及颈动脉。颈胸结合生硬，裸露胸部不显肋骨结构，平坦无饰。整躯比例适度，着宽衣大袖式袈裟，左肩披帛巾。领口左压右交互，内衣领口呈白色，外饰绿、黄色条带相间。衣裾松散式下垂，左袖襟尾甩摆，有瞬间衣褶动感，其余衣褶垂直流畅。袈裟面幅通体呈绿色底，施以红、蓝、黄色，绘以花卉图案。帛巾、领口、袖口边沿贴金线剪边；帛巾、领口彩绘图案，无立粉。右臂外侧开光圆形白色底五处，绘以蓝色竹子、兰草花卉。

东3：摩诃俱絺罗尊者（图89），"答问第一"，舍利弗的舅舅，立誓不剪指甲，被称作长爪梵志。他生来迟钝，思维缓慢，为不能领悟佛法而苦恼，于是只能扫地打杂。后来佛祖感念他心意诚恳，特意点拨，让他只念"南无阿弥陀佛"一句，结果他一心一意只念这一句佛号，竟然先于五百罗汉修成正果，成为一位受人敬仰的智者。该塑像坐于太师椅上，左脚触地，右腿盘曲，为游戏坐式；高1.50米，身躯直立，头颅右转，双手扶太师椅围栏，做聆听状。头颅额际方圆饱满，头顶浑圆，双目深凹，鼻梁直挺，鼻翼宽厚；颧骨肥大圆润，两颐肌肉丰腴；两唇紧闭，嘴角内敛。脖颈短粗，喉结、甲状软骨不显，锁骨表现得不准确；裸露胸部的肋骨粗壮，显示不精准。身躯比例适中，着宽衣大袖式袈裟，左肩披帛巾和吊装，吊装为赭红色。领口左压右交互，内衣领显里为赭红色，外饰蓝、红色条带相间。衣裾自然垂落至脚面，衣褶繁缛，衣纹较多。袈裟面幅呈绿色底，施以蓝、红、黄色，绘以花卉、云朵图案。帛巾、领口、袖口、裙裾边沿贴金线剪边；帛巾、右臂袖上施以立粉，鲜艳明亮，立体效果强。

图 88　东 2 号罗汉像：摩诃迦叶尊者（线图附下）

图89　东3号罗汉像：摩诃俱绨罗尊者（线图附下）

东4：迦旃延尊者（图90），佛陀十大弟子之一，西印度阿槃提国人，听从外舅阿私陀仙命终遗言，礼释尊为师出家归佛，勤行不懈，证得阿罗汉果。佛陀灭度后，仍从事教化，屡与外道论战，誉称为"论议第一"。该塑像右脚触地，左腿盘曲；高1.45米，身躯直立，左手高抬至肩部，右手附随至胸前，呈演示状。头颅方形，大而饱满，五官适中，鼻梁短粗，鼻翼宽厚；颧骨圆滑肥胖，两颐肌肉丰盈；嘴唇紧闭。脖颈较显粗壮，略显喉结、甲状软骨及颈动脉。颈胸结合生硬，裸露胸部不显锁骨结构，平坦无饰。整躯比例适度，着宽衣大袖式袈裟，左肩披帛巾和吊装。领口左压右交互，内衣领口原呈白色，后涂草绿色覆盖，外饰红、绿色（方格）条带相间；衣裾松散垂落至脚面。帛巾、吊装、领口、袖口、裙裾边沿贴金线剪边，吊装红色无饰；帛巾、袖口绘以兰花卷草图案。袈裟面幅左侧呈红色底，施以蓝、绿色绘成卷草纹饰。右臂外侧施以蓝色底，立粉果实树枝图案。

东5：迦留陀夷尊者（图91），学问高深，为佛陀出家前的宫廷老师，侍奉佛陀左右。佛陀立志出家，他用美女、鲜花等种种情欲干扰佛陀，无效。佛陀成道后，他追随佛陀出家，仍侍奉在佛陀左右，忠贞不贰。该塑像交叉盘腿呈自由坐式；高1.52米，身躯直挺，头颅左转仰上，额际宽大，头顶宽阔，略有隆起，眉弓粗壮，凝眉蹙目，额线深陷，神情傲慢而凝重；鼻梁直挺宽大，鼻翼内收，颧骨宽大高耸，两颐肌肉后拉；两唇紧闭，嘴角内收；双耳肥大。脖颈适中，喉结、甲状软骨及颈动脉有呈现，颈下袒露，胸部平坦，尚无锁骨及颈三角的出现。身躯显露部位施以肉色，形象逼真。溜肩，身着宽衣大袖式袈裟，领口左压右交互。左肩臂披以彩绘帛巾，身躯向左扭动，有衣褶瞬间甩摆的展示，极具瞬间动态。双手相叠交叉于屈膝前，坐姿世俗化。衣袖宽大，袖口、衣裾垂至地面。内衣显白领，外有蓝色条带相间。右臂袖口和肩部与左侧身躯彩绘同，绿底，绘以蓝、红、黄小型花卉。右臂及侧身施以深褐色底漫涂，无装饰。袈裟里面呈赭红色。帛巾、领口、袖口及裙裾边沿贴金线剪边；帛巾、领口、袖口及裙裾施以立粉莲花图案，鲜艳明亮，立体效果强，颇显艳丽。

图 90　东 4 号罗汉像：迦旃延尊者（线图附下）

图 91　东 5 号罗汉像：迦留陀夷尊者（线图附下）

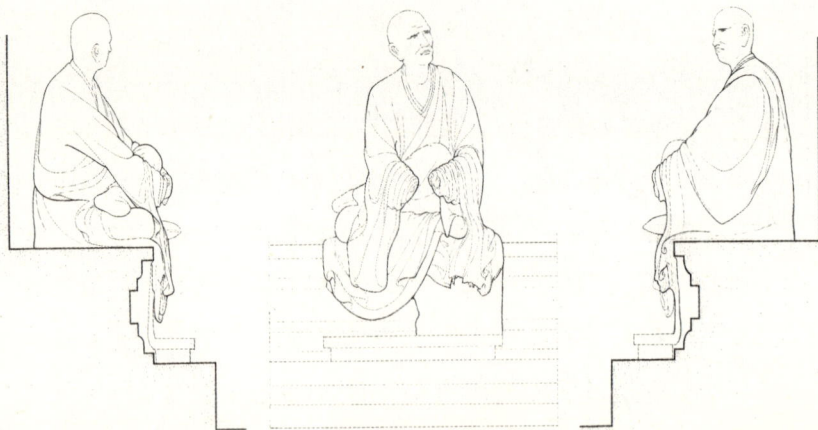

东6：牛呞比丘尊者（图92），五百罗汉之第九尊，精通佛法，德行高尚，曾受舍利弗指导。相传，过去世摘一茎之禾，数颗谷粒坠地，遂于五百世中受生牛身，遗有牛之习性，食后反刍咀嚼，故有"牛呞"之称。佛陀怜悯其遭世间毁谤，堕于苦难，敕令上天受供，有"受供第一"之称。该塑像双脚触地，呈善跏坐式；高1.53米，上身直立，脖颈、头颅向左转向，双手相抱抬至胸前，呈恭谦状。头颅浑圆饱满，五官端正，双目较显细小，鼻梁挺立俊秀；颧骨匀称适中，两颐肌肉丰盈；嘴小唇薄微启，嘴角内收。脖颈适中，不显喉结、甲状软骨及颈动脉，颈胸结合生硬，裸露胸部不显肋骨结构，平坦无饰。整躯比例适度，着宽衣大袖式袈裟，左肩披帛巾，领口左压右交叉。内衣领口呈白色，外饰蓝色条带；衣裾松散式下垂，衣褶层次清晰。袖襟自然垂立流畅。袈裟面幅原有的绿色底被后期覆盖，左侧为褐色，绘以紫色花卉；右侧显浅蓝色，立粉石榴枝叶图案。帛巾、领口、袖口边沿贴金线剪边；帛巾、领口彩绘紫色花卉图案。

东7：定鼎玉林国师（图93），清初临济宗僧，江阴（今江苏省江阴市）人，俗姓杨，字玉林，世称玉林通琇。十九岁出家，后住浙江省武康报恩寺。清代顺治十五年（1658年）奉清世祖之诏入京，于万善殿弘扬大法，受赐号"大觉禅师"，翌年加封为"大觉普济禅师"，赐紫衣。顺治十七年（1660年）秋，顺治帝建立皇坛，挑选一千五百僧受菩萨戒，他受请为本师，并受封为"大觉普济能仁国师"。后回西天目山，重修殿宇，将山麓双清庄改为丛林。因袭该山祖师高峰原妙所创正宗禅寺之名称，称为师子正宗派。康熙十四年（1675年）七月，圆寂于江苏省淮安慈云庵，年六十二。该塑像双腿前后自由盘曲；高1.48米，身躯直立，头颅右转仰上，目光右上视。左手扶膝，右手抬至肩部做兰花指状，手眼同向，做发现惊异状。头颅额际方圆饱满，头顶浑圆，双目深凹，鼻梁直挺，鼻翼宽厚；颧骨肌肉上聚，两颐肌肉深陷；两唇微启，嘴角内收。脖颈短粗，喉结、甲状软骨不明显，锁骨表现不准确；裸露胸部的肋骨粗壮，显示不精准。身躯比例适中，着宽衣大袖式袈裟，左肩披帛巾，领口左压右交互。内衣领显蓝色，外饰黑底，红、绿色花带相间，衣裾垂落至地面。衣褶繁缛，

图92 东6号罗汉像：牛呞比丘尊者（线图附下）

图93　东7号罗汉像：定鼎玉林国师（线图附下）

衣纹堆砌不显流畅。袈裟面幅呈赭红色底，施以蓝、红、绿色所绘花卉图案。帛巾、领口、袖口、裙裾边沿贴金线剪边；领口、袖口饰彩花卉图案。左臂搭置的帛巾显赭红色底，立粉三个"寿"字；右膝处和下垂的裙裾部位各有一个"寿"字。右臂外侧及腰际处饰深褐色底漫涂，无饰。

东8：无贪如音阿那尊者（图94），生世不详。该塑像依于低矮墙体，两腿下垂，双脚交结叠放，右脚压左脚；高1.54米，身躯直立，头颅左转，目光左视，左手依扶于矮墙，做观察状。头颅方圆饱满，头顶浑圆，双目深凹，鼻梁直挺，鼻翼宽厚；颧骨肥大圆润，两颊肌肉丰腴；两唇紧闭，嘴角内敛。脖颈粗壮，略有喉结、甲状软骨显示。颈胸结合生硬，裸露胸部不显肋骨结构，平坦无饰。身躯比例适中，着宽衣大袖式袈裟，左肩披帛巾，领口左压右交互。内衣领口呈白色，外饰蓝、绿色条带相间，衣裾垂落至脚面，裙裾衣褶多且显繁杂。衣褶为自然垂直状态。袈裟面幅呈墨绿色底，施以蓝、红、绿色，绘以花卉图案。帛巾、领口、袖口、裙裾边沿贴金线剪边；领口、右臂袖（图案形状像食桃）上施以立粉花卉，鲜艳明亮，立体效果强。

东9：精进比丘鬼逼禅师（图95）。《大佛顶首楞严经》卷一载，他是一个超度亡魂的和尚，遇有两个魔鬼逼使他双腿结跏趺坐式修行，一改"赶经忏"，专心打坐修行成功，后人称为"鬼逼禅师"。该塑像结跏趺坐式；高1.57米，身躯直立，脖颈与面部右转，目光右视。左手托手帕，右手高举至肩部伸食指，做争辩状。头颅方圆饱满，头顶圆浑，双目深凹，额线深陷，鼻梁直挺高隆，鼻翼宽厚；颧骨宽大凸显，两颊肌肉饱满；两唇紧闭，唇线分明，嘴角内敛，双耳肥大。脖颈适中，略有喉结显现。颈胸结合生硬，无锁骨、肋骨的表现，显平坦。身着宽衣大袖式袈裟，左肩披帛巾，巾里至胸前呈红色，领口左压右交互。内衣白领，外饰花卉及红色条带相间。衣裾裹紧下肢，衣纹呈现线刻，裙裾下垂，衣褶单调僵硬。高举的右臂衣袖褶皱单调生硬，不显动感。袈裟面幅呈墨绿色底，施以蓝、红色，绘以花卉图案。帛巾、领口边沿贴金线剪边；领口、袖口施以牡丹立粉花卉，鲜艳明亮，立体效果强。右臂周围着蓝色底，里外开光桃形白底区域书以蓝色"寿"字。

图 94 东 8 号罗汉像：无贫如音阿那尊者（线图附下）

图 95 东 9 号罗汉像：精进比丘鬼逼禅师（线图附下）

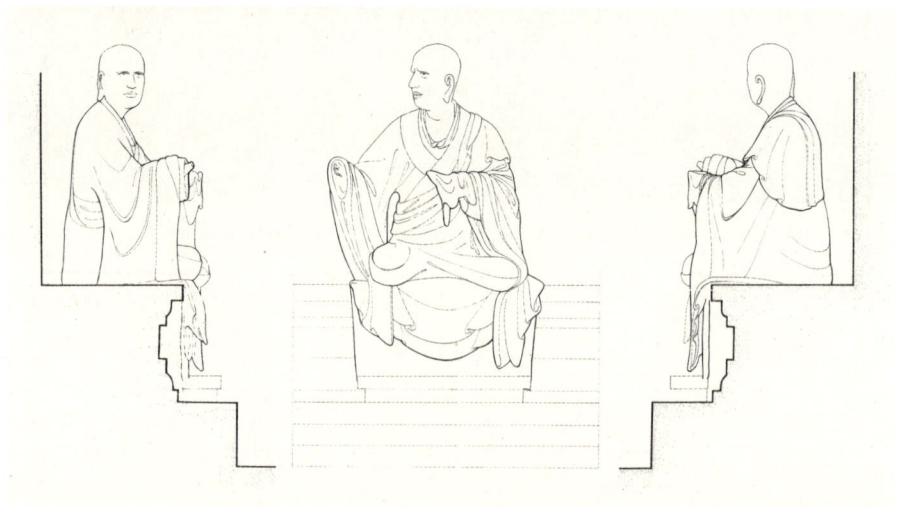

东10：东土摩诃菩提尊者（图96），生世不详。该塑像左脚触地，右腿盘曲，呈游戏坐式；高1.56米，上身直立，脖颈、头颅向左转向；右臂右伸上举，中指上指；左手随扶右臂袖襟，显示瞬间动态，做争辩状。头颅浑圆饱满，五官端正，双目较显细小，鼻梁挺立俊秀；颧骨匀称适中，两颐肌肉丰盈；嘴小唇薄，嘴角内收。脖颈较显适中，有肉线纹，不显喉结、甲状软骨，略有颈动脉显示；颈胸结构有安接留痕，颇为生硬；裸露胸部不显肋骨结构，平坦无饰。整躯比例适度，着宽衣大袖式袈裟，左肩披帛巾，领口左压右交互。内衣领口原呈白色，后来以蓝色覆盖描绘，外饰绿色条带；衣裾松散式下垂，衣褶层次清晰。衣褶自然垂立流畅。袈裟面幅呈绿色底；右侧为深褐色底，绘以黑色云朵。帛巾、领口、袖口边沿贴金线剪边；帛巾、领口立粉彩绘红、蓝相间的花卉图案。

东11：阿菟楼托尊者（图97），释迦牟尼十大弟子之一，佛陀堂弟，跟随佛陀出家，以"天眼第一"著称。《楞严经》载，其出家之初，贪睡不起，被佛陀呵斥，受刺激后狠心七天不眠，眼睛不幸失明。但后来得到佛门的千里眼，能见十方地域，达见世界如见核桃之境界。悟出证道的方法：道是从少欲、知足、寂静、正念、正定、精进、正慧、无戏论八法而得到。该塑像双脚触地；高1.55米，上身直立，脖颈、头颅微右转向，左手扶膝，右手自由式悬至腰间，做静候状。头颅浑圆饱满，五官端正，双目较显细小，鼻梁挺立俊秀；颧骨匀称适中，两颐肌肉丰盈；嘴唇适中，嘴角略显内收。脖颈较显适中，有肉线纹，不显喉结、甲状软骨，略有颈动脉显示，颈胸安接略显生硬；裸露胸部不显肋骨结构，平坦无饰。整躯比例适度，着宽衣大袖式袈裟，左肩披帛巾，领口左压右交互。内衣领口呈白色，外饰蓝、绿色条带；衣裾松散式下垂，衣褶层次清晰；衣褶自然垂立流畅。袈裟面幅左侧呈绿色底。帛巾、领口、袖口边沿贴金线剪边；帛巾立粉彩绘红、蓝相间的梅花图案。右侧为红褐色底，开光圆形白色，绘以蓝色线条的云朵于表面。

东12：降龙菩提无阁禅师（图98），即佛教经典《法住记》的作者庆友尊者，十八罗汉的第十七尊。传说古印度有龙王用洪水淹那竭国，将佛经藏于

图96　东10号罗汉像：东土摩诃菩提尊者（线图附下）

图 97　东 11 号罗汉像：阿菟楼托尊者（线图附下）

图98　东12号罗汉像：降龙菩提无阂禅师（线图附下）

龙宫。后来他降服龙王取回佛经，立了大功，故被称为"降龙"尊者。该塑像双脚触地，坐于太师椅；高1.50米，上身向左倾斜，左手依扶于椅子围栏，右手抬至颈前，掌心朝内，做抵触状。头颅长方饱满，头顶浑圆，双目细小，鼻梁挺立短小，鼻翼小巧；颧骨狭长滑润，两颊肌肉丰腴；嘴窄口小，两唇单薄微启，嘴角内敛。脖颈适中，无肉线纹，不显喉结、甲状软骨。颈胸结合较为生硬，裸露胸部，不显肋骨结构，平坦无饰。身躯比例适中，着宽衣大袖式袈裟，左肩披帛巾和吊装，领口左压右交互。内衣领口呈白色，外饰红、绿色条带相间；衣裾垂落至脚面，衣袖衣褶流畅；衣褶自然垂落状，裙裾衣褶有层次感。袈裟面幅呈杏黄色底，施以红、蓝色，绘以花卉图案。帛巾、领口、袖口、裙裾边沿贴金线剪边；帛巾、袖口施以立粉花卉及云朵图案，鲜艳明亮。上身右臂外侧施以黑色底，立粉云朵。

东13：云山牧牛难陀尊者（图99），古印度僧，又称作牧牛难陀。他曾经向佛祖讨教养牛的事情，提出十一个古怪问题，佛祖向他一一解释明白，比农夫回答得还详细。难陀因此知道佛祖具有世间的一切智慧，心悦诚服，剃度出家，成为佛祖的追随者。该塑像双腿盘曲，为结跏趺坐式；高1.49米，身躯直立，头颅左倾，面庞右仰，目视左方，左手扶膝，右手抬至胸部右伸，呈礼让状。头颅长方饱满，头顶浑圆，双目细小，鼻梁挺立，鼻翼肥大，不显小巧，鼻唇间距较长；颧骨狭长滑润，两颊肌肉丰腴；嘴窄口小，两唇单薄紧闭，嘴角内收。脖颈较显粗壮，有肉线纹三道，不显喉结、甲状软骨。颈胸结合较为生硬，裸露胸部不显肋骨结构，胸部平坦无饰。上身比例适度，着宽衣大袖式袈裟，左肩披帛巾和吊装，领口左压右交互。内衣领口呈白色，外饰绿色条带；衣裾集聚中部垂落至脚面；右衣袖衣褶有瞬间动感的表现，且有些生硬。袈裟面幅呈绿色底，施以红、蓝色所绘花卉图案。帛巾、领口边沿贴金线剪边；帛巾、领口、袖口施以立粉花卉及云朵图案，鲜艳明亮。上身右臂外侧施以赭红色底，里外开光白地书以蓝色"寿"字。

东14：摩诃鸠摩罗什尊者（图100）。鸠摩罗什（344—413年），简称罗什，东晋时期后秦高僧，著名佛经翻译家，与真谛、玄奘、义净并称为中

图99　东13号罗汉像：云山牧牛难陀尊者（线图附下）

图100 东14号罗汉像：摩诃鸠摩罗什尊者（线图附下）

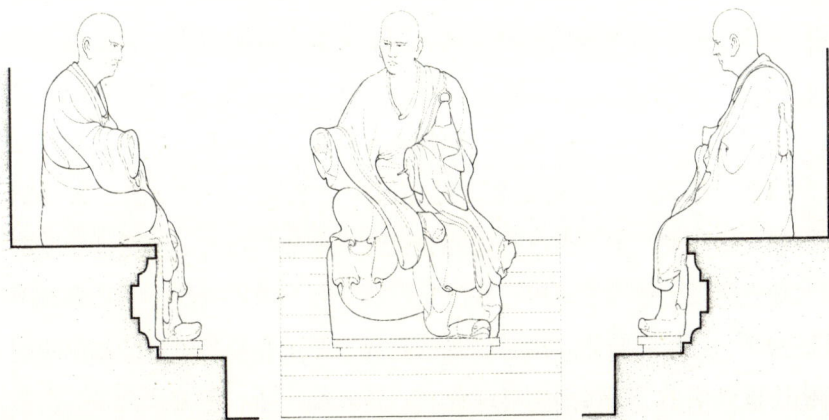

国佛教四大翻译家。其翻译的经论，对中国佛教和中国文学可谓影响深远。该塑像左脚触地，右腿盘曲；高1.52米，身躯直立，向右略有转身并倾斜，右臂右伸，左臂顺势向右，双袖衣褶呈瞬间动态，颇具动感，做交流状。头颅宽大，头顶宽阔，略有隆起，眉弓粗壮，额线深陷，目光期待，神情端庄。鼻梁直挺高凸，颧骨宽大高耸，两颐肌肉紧凑，两唇紧闭，嘴角内收，有说法后的停顿效果。脖颈适中，喉结、甲状软骨、颈动脉、锁骨、颈三角、侧三角及裸露肋骨皆有明显的展示。膀臂适中，身着宽衣大袖式袈裟，领口左压右交互。衣裾自然垂落至脚面，体量匀称。双肩披帛巾，施以贴金立粉彩绘。双腿平行放置，足尖朝前。衣褶显示垂直状态。内衣显白领，左肩披以帛巾及吊装装饰。袈裟下体及左侧为绿底兰花彩绘；右侧上体部位为蓝色补丁妆銮。帛巾、领口、袖口及裙裾边沿贴金线剪边；帛巾、领口、袖口及裙裾施以立粉莲花图案，鲜艳明亮，立体效果强，颇显艳丽。

东15：天贝高峰妙禅师(图101)。高峰原妙（1238—1295年），南宋临济宗杨岐派破庵派僧，苏州吴江人，俗姓徐，字高峰。十五岁出家，十七岁受具足戒，十八岁修学天台教义。南宋咸淳二年（1266年）隐龙须寺，后再迁武康双髻寺。元至元十六年（1279年），登杭州天目西峰，入张公洞闭死关，不越户达十五年之久。后学徒云集，参请不绝，僧俗随其受戒者数万人，谥号"普明广济禅师"。有《高峰妙禅师语录》一卷、《高峰和尚禅要》一卷行世。该塑像结跏趺坐式；高1.55米，身躯直立，双手抬至胸前，做叙述状。头颅宽大，头顶宽阔，略有隆起，眉弓粗壮，额线深陷，神情入境，目视对方；鼻梁直挺高凸，颧骨宽大高耸，两颐肌肉后拉，两唇微启，嘴角深凹，表现出陈述的姿态。脖颈适中，喉结、甲状软骨、颈动脉、锁骨、颈三角、侧三角及裸露胸前的肋骨皆有明显的显示。膀臂适中，身着宽衣大袖式袈裟，左肩披帛巾，领口左压右交互。内衣外翻，衣裾裹缠下肢，极显拘谨，且衣褶简化，用阴刻线条表现，裙边亦显呆板。结跏的双腿与上身相比显得瘦小。袈裟面幅呈绿色底，施以红、蓝、色云朵图案。帛巾、领口、袖口贴金线剪边。袈裟的上部施以立粉，彩绘成红、蓝色云朵。

图101　东15号罗汉像：天贝高峰妙禅师（线图附下）

东16：天童密云圆悟禅师（图102）（1566—1642年），明末临济宗僧，江苏宜兴人，俗姓蒋，号密云，家世务农。年轻时，以读《六祖坛经》而知宗门之事。二十九岁剃度出家，明万历三十九年（1611年）嗣正传衣钵，万历四十五年（1617年）继席龙池院，其后历住天台山通玄寺、嘉兴广慧寺、福州黄檗山万福寺、育王山广利寺、天童山景德寺、金陵大报恩寺六大名刹，大振宗风。崇祯十五年（1642年）圆寂于通玄寺，世寿七十七。有《密云禅师语录》《天童语录》行世；剃度弟子三百余人，嗣法者十二人，其中有多位是明末德高望重的名僧。该塑像双腿下垂端坐；身高1.47米，身躯直立，双手抬至胸前，做悲痛状。头颅宽大，头顶宽阔，略有隆起，眉弓粗壮，额线深陷，凝神目视，直观前方；鼻梁直挺高凸，颧骨宽大高耸，两颊皮肤松弛下垂，两唇开启，嘴角内收，鼻下有鼻涕，似在娓娓诉说。脖颈适中，喉结、甲状软骨、颈动脉、锁骨、颈三角、侧三角及裸露胸前的肋骨皆有明显的展现。膀臂适中，身着宽衣大袖式袈裟，左领环绕呈祖右式，右领垂直下出，无内衣襦。衣裾自然垂落至脚面，体量匀称。双腿下垂平行放置，足呈八字放置。衣褶显示垂直状态。袈裟面幅呈杏黄色底，领口、袖口、裙裾贴金线剪边，中部施以立粉红、绿色花卉图案。

东17：双桂堂神通破山禅师（图103）（1597—1666年），号海明，俗姓蹇，名栋宇，字懒愚，是明末清初我国一位著名的佛门巨匠、诗人、书法家。破山海明是明末清初一位重要的禅宗大师，是著名禅院双桂堂的开山祖师，世有"小释迦"之称，在我国西南地区的佛教传承中拥有巨大的影响力。破山明海一生弘法精进，广收门徒，推动了清初的僧伽教育，所撰《伏虎寺开学业禅堂缘起》是其禅学教育思想的精辟总结。该塑像左脚触地，右腿盘曲，为游戏坐式；高1.46米，身躯直立，上身和头颅微微前倾，双手抬至胸前，左手平托打开一方蓝色手巾，右手似拿着用手巾包着的物品，目光凝重，表情深沉，眼含泪水，凝神聚目，做回忆悲伤状。头颅宽大，头顶宽阔，略有隆起，眉弓粗壮，额线深陷，鼻梁直挺高凸，鼻下有鼻涕；颧骨宽大高耸，两颊肌肉收紧；两唇微启，嘴角内敛。脖颈适中，喉结、甲状软骨、颈动脉、锁骨、颈三角、侧三角皆有明显的显示。膀臂

图 102　东 16 号罗汉像：天童密云圆悟禅师（线图附下）

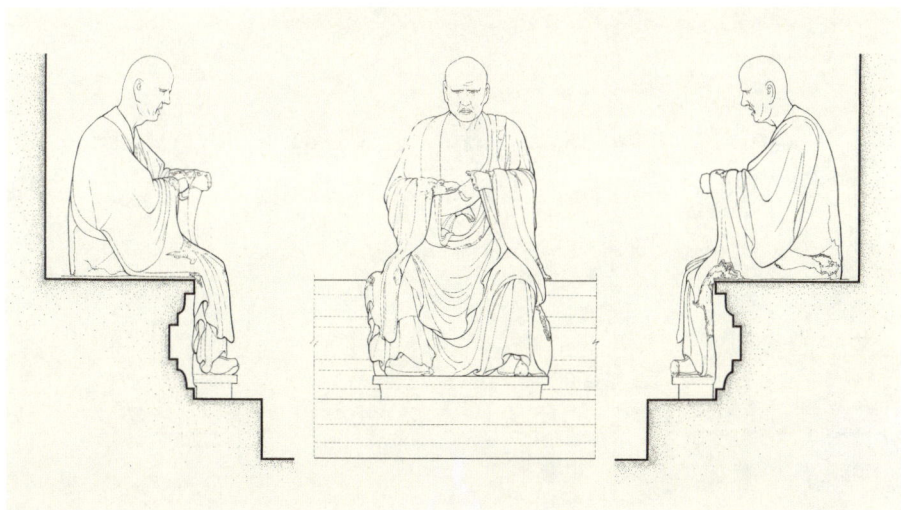

图103　东17号罗汉像：双桂堂神通破山禅师（线图附下）

适中，身着宽衣大袖式袈裟，左肩披帛巾，领口左压右交互。领口内衣显白领，外有蓝格状条带相间。衣裾自然垂落至脚面，体量匀称。衣褶显示垂直状。袈裟面幅呈绿色底，施以红、蓝色花卉图案。帛巾、领口、袖口及裙裾边沿贴金线剪边；帛巾、领口、袖口及裙裾施以立粉莲花图案，鲜艳明亮，立体效果强，颇显艳丽。右臂外侧敷涂深褐色底，肩至袖口以蓝色书写四个"福"字，未呈开光式。

东18：多闻阿难陀尊者（图104），为古印度白饭王次子，提婆达多的亲弟弟。他年轻时记忆力强，服侍佛陀二十七年，深受人们敬仰。待人谦逊诚恳，和人相处从不扬己之长、显人之短，乐于帮助、服务别人，为别人提供方便。谈论佛法显正而不破邪，以和暖的阳春融解对方。佛入灭三天，他起身到王舍城参加第一次圣典结集，当夜即证阿罗汉果。该塑像左腿盘曲，右腿折立于座台；高1.53米，上身、脖颈、头颅逐渐略显向右倾斜，目视左下方，左手执座面，右手搭于右腿直立膝盖之上，呈悠闲状。头颅方形，大而饱满，五官适中，鼻梁隆起，鼻翼略显宽厚；颧骨圆滑肥胖，两颐肌肉丰盈；嘴唇紧闭。脖颈较显粗壮，有肉线纹，不显喉结、甲状软骨及颈动脉。颈胸结合较为生硬，裸露胸部不显锁骨结构，胸部平坦无饰。整躯比例适度，着宽衣大袖式袈裟，左肩披帛巾，领口左压右交互。内衣领口原呈白色，后涂蓝色覆盖，外饰绿（花草）、红条带相间。整体实坐于平铺的裙袍之上，长出的衣裾松散垂落至半空，身姿处于悠闲自得状态。袈裟面幅通体呈绿色底，施以蓝、红色所绘卷草及花卉纹饰。帛巾、领口边沿贴金线剪边；帛巾立粉出红、蓝色莲花图案。领口条带施蓝色底，绘以红、绿色花草图案。

东19：目犍连尊者（图105），佛陀十大弟子之一，被誉为"神通第一"。古印度摩揭陀国王舍城外婆罗门种性，容貌端正，自幼与舍利弗交情甚笃，与舍利弗互约，先得悟解脱者必以相告，遂共竞精进修行。舍利弗先悟诸法无我之理，并告目犍连；目犍连遂率弟子一同拜谒佛陀，蒙其教化，时经一月，证得阿罗汉果。该塑像双脚触地，为善跏坐式；高1.54米，身躯直立，头颅、脖颈微有前倾左转，双手抄袖内不显露，呈聆听状。头颅浑圆饱满，

图 104　东 18 号罗汉像：多闻阿难陀尊者（线图附下）

图 105　东 19 号罗汉像：目犍连尊者（线图附下）

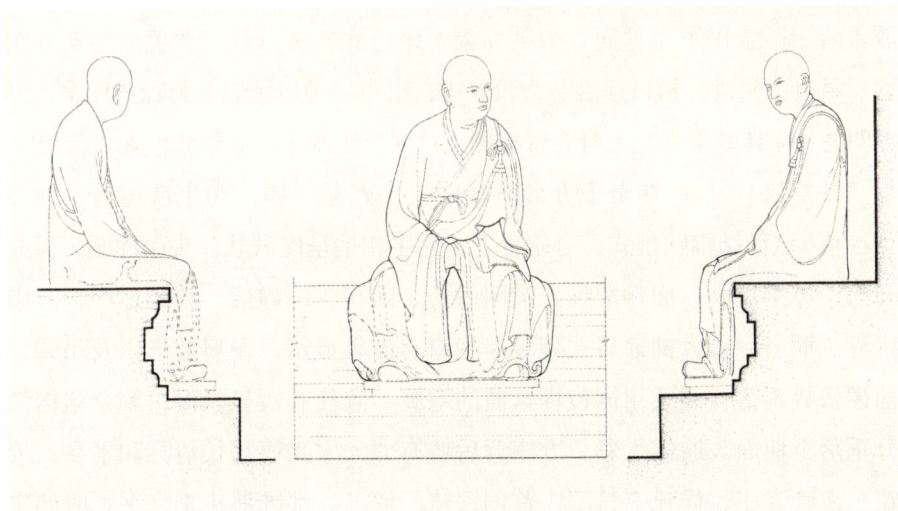

五官端正，双目较显细小，鼻梁挺立俊秀；颧骨匀称恬淡，两颊肌肉丰盈；嘴小唇薄闭合，嘴角内收。脖颈适中，有肉线纹，不显喉结、甲状软骨。颈胸结合较为生硬，裸露胸部不显肋骨结构，胸部平坦无装饰。整躯比例适度，着宽衣大袖式袈裟，左肩披帛巾和吊装，领口左压右交互。内衣领口呈白色，外饰绿、蓝、红色条带相间，衣裙松散垂落至地面。袈裟面幅左侧呈绿色底，施以红、绿、蓝色所绘花卉图案。帛巾、领口边沿贴金线剪边；帛巾施以立粉梅花图案，鲜艳明亮，立体效果强。吊装红色无装饰。上身右臂里外侧涂以深褐色底，阴刻出圆形开光浅蓝色底，绘以深蓝色云形图案。

东20：孙陀罗难陀尊者（图106），释迦牟尼佛同父异母的弟弟，生于佛陀次年的四月初九，比佛陀小一岁，有三十相，比佛少两相。难陀是他的名字，其妻为孙陀利，为别于牧牛难陀，他被称为孙陀罗难陀。后来他跟随佛陀出家，被誉为"调和诸根第一"。该塑像为结跏趺坐式，双腿盘曲，与身躯相比显小；高1.55米，身躯直立，头颅微有前倾，左手虚握至胸部，右手底托展开，呈观赏状。头颅浑圆饱满，五官端正，双目较显细小，鼻梁挺立俊秀；颧骨匀称恬淡，两颊肌肉丰盈；嘴唇闭合，嘴角内收。脖颈较显适中，略呈肉线纹，不显喉结、甲状软骨。颈胸结合较为生硬，裸露胸部，不显肋骨结构，胸部平坦无装饰。整躯比例适度，着宽衣大袖式袈裟，左肩披帛巾，领口左压右交互。内衣领口呈白色，外饰蓝、绿色条带相间；衣裙松散垂落于膝盖以下至地面。袈裟面幅呈绿色底，施以红、蓝色所绘花卉图案。帛巾、领口、袖口边沿贴金线剪边；帛巾、领口施以立粉牡丹图案，鲜艳明亮，立体效果强。上身右臂外侧施以红色底漫涂，立粉蓝色火焰云朵。

铁罗汉（图65）：端坐于方形座凳之上，人凳一体，为生铁铸造，通高1.65米。该像结跏趺坐式，身躯直立，两手相抱呈虔诚状。头颅浑圆，天庭圆润，鼻梁挺立，面颊顺畅，嘴闭唇薄，面相深沉静谧。脖颈适中，有肉线纹。溜肩，着大袖通肩式袈裟。领口有内衣显示，左肩披帛巾及吊装，袖裙依势垂落。袈裟裙裙包裹盘曲的双腿，致使衣褶显紧促，剩余裙裙部分垂落至地面。通体无彩。方座背后铸有"大宋兴德军长清县和平乡，天花、南管寺庄、侯丘三村□，首创铁铸□罗汉，都维那头李宗平。时熙宁

图 106　东 20 号罗汉像：孙陀罗难陀尊者（线图附下）

三年岁次庚戌□□月□······"的题记。这尊铁罗汉是20世纪80年代初维修罗汉像时，从西11号罗汉像腔体中发现的，它代替了西11号罗汉像的木骨架，起到了支撑罗汉像身体的作用。

三、造像始塑年代及历史灾难

20世纪80年代初维修罗汉像，在西17号罗汉像腔体内发现墨书题记："盖忠立。齐州临邑，治平三□六月。"[1]这证实了千佛殿的泥塑彩色罗汉像始塑于宋治平三年（1066年）。泥塑造像历经近千年，无疑饱经坎坷和劫难，经受多次修复、补塑、妆彩、迁移等幸存至今，实属可贵。了解历史上经历了哪些修复、置颅和妆彩，把握罗汉像的历史背景，知晓原始盛装般舟殿的历史演变状况，是探索罗汉像保留下来的主要途径。因此，般舟殿的历史进程深深地影响着早期罗汉像的留存多寡和残损情况，考证般舟殿的发展始末是考究罗汉像课题的前提。

般舟殿始建于北齐中后期，历经屡次灭佛事件，时有毁坏与重建。宋景德年间琼环长老重建般舟殿（图107）[2]，至宋治平三年始塑制罗汉像于殿内。在灵岩文物仓库内发现的金皇统七年（1147年）"□□□□山罗汉记"（图108）残碑载："······众乃惑乱悯然，不知□措，□天晓而为捕者。所······备山门之洒扫，奉事三宝，自尔各励其志，而精进焚修，后咸得证乎。罗······镇山罗汉以岁久泯灭殆尽。于是云公禅师愀然动容曰：岂······久，遂有意欲复兴其古，有之塑像以缘事。且天子艰时，惧难于成功，盖······志者耳。适

① 周福森：《山东长清灵岩寺罗汉像的塑制年代及有关问题》，《文物》1984年第3期，第76页。
② 王晶，刘丽丽，常祥：《济南长清灵岩寺千佛殿建筑考》，《山东博物馆辑刊》文物出版社2020年版，第30页。

图 107　般舟殿宋代柱础

师侧有徒弟僧慧拱，稽首再拜，于前毅然踊跃赞欢而愿……缘化毕工，庄严甚伟，四方檀信瞻礼欢仰者，莫可胜计。呜呼，时代绵邈……非有宿因而能致斯感通者乎……吾师有云从之义，继兴于后乎？尤是……不伟哉？如寿恺者，簪裳汵族望微材谫陋于行言，以僧慧拱输诚悃而……其诚用书其实耳。"该碑乃此次考察中首次发现，真实记录了当时寺院险恶的生存环境。

近日，在灵岩寺的乱石中找到了该碑的开头篇，题曰"三十二镇山罗汉记"（图108）。这一发现证实了在金皇统七年已有32尊罗汉像的存在，距始塑时间约80年，鉴于般舟殿的室内空间，32尊罗汉像应是最初塑制时的数量。宋熙宁三年（1070年）"敕赐十方灵岩寺"碑（图109）牒文载："……齐州灵岩寺在山谷，去州县遥远，有僧行一二百人，遂其四方烧香，送供人施利至多。诸处浮浪聚集，兼本寺庄田不少，全藉有心力僧人住持主管。"从文中可知，"很多地方有土匪性质的浮浪之人，侵占寺院的山场及土地，这种事情都出现在朝廷的牒文里，可见侵占之事实属规模了。"[①]灵岩寺的治理环境自宋乾德年间（963—968年）就开始变得不太平了；至金代，僧人"备山门

————————

① 王晶，刘丽丽：《山东长清灵岩寺地界石碑考略》，《东方考古》2015年第12期，第117页。

图 108 "三十二镇山罗汉记"残碑及片段拓片

图 109　宋"敕赐
十方灵岩寺碑"

之洒扫，奉事三宝，自尔各励其志，而精进焚修，后咸得证乎"。寺里的僧人只想做好自己的事情，对社会治安环境表现出无望而悲观的态度。在这种情形下，南禅第十代住持法云禅师与其弟子慧拱立志重修"镇山罗汉以岁久泯灭殆尽"的罗汉像，最后达到"庄严甚伟"的效果，这是历史上第一次拯救灵岩寺罗汉像的壮举，也是关键的一次补救，否则罗汉像将仅存八十年后即毁灭不存。从碑文记载中可以看出，此次补救前罗汉像的残损程度已经非常严重，因供养造像的般舟殿阴暗潮湿、风穿雨漏，大量水汽造成霉菌侵蚀造像，加之殿宇年久失修，屋顶坍塌，瓦砾、苫背、望板、椽子等小型构件坠落，使部分原始宋塑损毁，残损的部位多为头颅和少量身躯。后来，保留的宋代身躯，在金代得以复置头像。金代复置头像后，灵岩寺留存的罗汉像构成变为宋代原塑、宋身金颅两类（全塑金代造像不太可能存在），两类的数量比例不可知。从"缘化毕工，庄严甚伟，四方檀信瞻礼欢仰者，莫可胜计"的描述中，我们可以感悟到般舟殿维修和罗汉像修补后敷彩的效应氛围。

元泰定三年（1326年）《寿公禅师舍财重建般舟殿记》载："无奈年深岁久，殿宇既漏日风穿，可怜日往月来，圣贤尽身雨倒。幸有大施主本寺僧寿公禅师，特运虔诚，施中统宝钞三阡缗，用助大殿缘事……可谓昔时胜迹，今朝重兴，三十二尊镇山罗汉光生，一千岁祝寿大堂具备。"这里记述的是，般舟殿"年深岁久""漏日风穿"，殿顶坍塌，大量瓦砾砸向罗汉像，殿内神像遭雨淋浸泡而歪倒，损失惨重。寺僧寿公禅师捐"中统宝钞三阡缗"，用于般舟殿的维修（图110）和罗汉像的抢救，大殿得到维修，造像得以扶正清理，安置归位。罗汉像补颅修身，增进元代文化元素，且尚未彩绘，达到"昔时胜迹，今朝重兴，三十二尊镇山罗汉光生"的效果。元致和元年（1328年）"管妆塑圣像施主花名"碑载："管妆塑圣像施主花名如后。管塑当阳释迦如来施主、待诏僧子工。全管妆鋈当阳圣像一堂施主、提点智举。管塑文殊、普贤二大士施主、提点思让。管周围妆塑三十二尊罗汉施主、院主思善。管供床镜面油漆施主、监寺思川。管背坐妆塑观音圣像施主、副寺子贞。管三面大镜施主、书记恒勇……"

图 110 般舟殿遗址元代柱础

因"圣贤尽身雨倒",彩绘受损更为严重,对满堂造像的妆銮彩绘是一项非常庞大复杂的工程。致和元年,众僧分工施舍,并直接负责造像彩绘工程,明确责任,各负其责。这次妆銮彩绘修复乃是泰定三年寿公禅师舍财重建般舟殿、抢救罗汉像工程的延续部分。为了此次彩绘,寺僧参与施财,加之社会募捐,仅集资就用了两年。施工过程中,按照分工,"院主思善"直接"管周围妆塑三十二尊罗汉",足见寺院对罗汉像彩绘的高度重视。此外,施工对象还有中央面南的释迦牟尼佛及两侧侍立的文殊、普贤菩萨(组合为"华严三圣",构成大殿的主祀偶像),面朝北的一尊观音菩萨像(应是与"华严三圣"像相背的雕像)。从现存遗址结构看,大殿除沿用早期的建筑遗构外,元代重修时还添加了若干素覆盆式柱础、墙内石柱,这标识着这次修缮工程正是寿公碑刻额题所谓的重建般舟殿。重建是在保护好罗汉像的情况下进行的,沿用了宋代的明间辟后门,与倒坐观音像的设置相匹配。碑文"管周围妆塑三十二尊罗汉施主、院主思善"中的"周围"所载与现存般舟殿遗址所显示的两侧基座遗存相吻合,三十二尊罗汉像是以环列形式居于殿内的。加上其他造像的充斥,大殿剩余空间不显宽敞。依碑文叙述,元代此次修复原因是殿顶大面积塌陷、构件坠落,宋、金塑制造像损毁。造像损伤重点应还是头部,施工的重要内容也应包括罗汉像受害部位复置、补塑头颅。至此，修复后的罗汉像构成变为宋代原塑、宋身金颅、宋身元头三类，共计三十二尊。从金、元代两次殿顶塌陷情况看，建筑年久失修，殿顶局部坍塌，枋椽、瓦砾坠落是有的，而梁架却没有倒塌，梁檩大型构件却没有落下。因此，两次殿顶塌陷中罗汉像的致损部位皆在头部，身躯几乎没有受到重大毁坏，此乃是保存下来众多罗汉像为宋代身躯的重要原因。

明代弘治五年（1492年）《崇善禅寺重开山第三代住持净堂洁公和尚塔铭》载："睹般舟殿椽檩朽坏，处处渗漏，□恐圣像有损，难以睹瞻。遂乃折埋欲要，革故鼎新。未及周完，于成化辛丑岁春秋六十有一□微疾，端坐而逝。"洁公和尚于明代成化十七年（1481年）看到般舟殿"椽檩朽坏，处处渗漏"，"恐圣像有损，难以睹瞻"，决意修复般舟殿，工程未完便圆寂了，由弟子们继续修复，完成了他的遗愿。所以，这是一次对罗汉像提前预防性维修活动，这次维修只是对般舟殿进行修复，并没有对罗汉像进行维修和敷彩，如果没有这次修复，百年后迁移至千佛殿的罗汉像不会如此完好。

明代傅光宅《重修千佛殿记并词》载："逮于今日，道法陵夷，僧废清规，人罕正信。苾刍散于饥馑，殿阁圮于风霜，灵泉鸣咽而断流，宝树萧疏而失荫。于是德藩先定，王以凤世机缘捐施帑藏，世殿下以深心，仁孝成就功德。"明代后期，灵岩寺佛法遭人践踏，清规不执，戒律不行，寺院管理不善，出家人迫于饥饿离开寺院，殿堂毁于多年失修，寺院一片萧条潦倒。于是，德藩王与宁海王决定用府库的钱财扶持寺院，重修庙宇，以成就功德。又载："戊子之夏……遂尔山门炳焕，殿宇崔嵬。千佛殿者，面拥群峰，背环万壑。方丈廊庑，隐苍蔼于星罗。宝刹浮屠，出翠微而云起。玲珑栋宇，映日月而绕烟霞；轩豁檐楹，俯林峦而开紫翠。香灯于金碧辉煌，梵吹杂风泉上下，莲花座上依然三十二相之庄严。"明万历十六年（1588年）夏，经"奉戒精严，监工勤慎"，灵岩寺山门、千佛殿、辟支塔等建筑"玲珑栋宇，映日月而绕烟霞；轩豁檐楹，俯林峦而开紫翠"，寺院的面貌得以改变，寺院有了新的生机。这里提到千佛殿内的"莲花座上依然三十二相之庄严"，显然与般舟殿内"三十二尊镇山罗汉"是指同一个群体，说明重修千佛殿后，原般舟殿内的三十二尊罗汉像已全部移置于千佛殿内，由此看来，德王的捐资修缮没有将般舟殿的维修列入计划，只是迫于般舟殿存在倒塌的危险，又考虑到重修的千佛殿内空旷，将罗汉像从般舟殿迁移到了千佛殿。"部分塑像距殿壁很近，有的仅间隔几毫米，但观其后背沥粉彩绘图案匀称自然。在正常情况下，仅几毫米的空间，彩绘尚且不易，更何况沥粉工艺的制作……凡属紧靠殿壁的塑像，后背正中皆未着色而仍保留其原貌，与新妆鎏色彩对比明显，界线清晰。说明这些罗汉并非在（千佛）殿内塑造，而是由他处迁来的。"①也就是说，从塑像留存的彩绘叠压关系中，进一步证实了千佛殿内的罗汉像来自外迁，这与明傅光宅《重修千佛殿记并词》记载的内容相吻合。清代顺治十六年（1659年）施闰章撰《重修般舟殿记》载："余至灵岩，其殿倾圮坏漏，瓦砾狼藉，怪寺僧无募修者久之。"说明这时的般舟殿毁坏已久，搬出罗汉像的时间与般舟殿倒塌的大致时间存在先后关系在推理上是符合逻辑的。这次人为的罗汉像搬迁，损坏的不是罗汉像的身躯和头颅，而是罗汉像膝盖以下的小腿及裙裾部位。罗汉像为坐姿，膝盖弯处最为脆弱，年久失修加上整体搬运，势必造成其下体大部分脱落。而后来对此的修复手段为或随像粘接，或重新塑制，均缺乏整体效果的艺术加工。所以现今大部分罗汉像的下肢与整体形象不成比例，或短小，或瘦弱，或缺失，能够清楚地看出身躯与膝盖以下是两次工程所为。此次罗汉像搬迁后，工匠根据千佛殿内空间与造像比例，新增补塑八尊，形成如今四十尊泥塑罗汉像的规模，又为诸尊罗汉像通体敷彩，将宋代、金代、元代时期的彩绘覆盖于其下，仅有部分罗汉像后背与殿壁狭小空间不易彩绘覆盖处，尚能看到原彩局部。从此次单体造像施彩看，显现出从头到脚通体策划、一气呵成的效果，成为今天我们能看到的最早彩绘，也是最后一次普彩工序。

---

① 周福森：《山东长清灵岩寺罗汉像的塑制年代及有关问题》，《文物》1984年第3期，第77—78页。

自清代康熙年间（1662—1722年）开始，千佛殿经历过多次重修。康熙五十三年（1714年）、道光十四年（1834年）、道光二十八年（1848年）、同治十三年（1874年）、光绪二十二年（1896年）皆由寺僧对千佛殿进行维修。中华人民共和国成立后，1950年，山东省政府拨5000斤小米，设置木橱保护罗汉像。在历次维修中，涉及罗汉像的修复工程有：清康熙五十三年（1714年）净意和尚重修千佛殿时，对罗汉像进行过妆銮；同治十三年（1874年）用银两千七百两重修千佛殿时，为塑像进行妆銮敷彩；最后一次维修，即20世纪80年代初的罗汉像保护性修复，多为罗汉像垂落的手臂及下体进行黏接修复后的补彩。

四、单体造像特征及其断代

罗汉像历经近千年，遭受过众多的灾难与惊险，遗有挥不去的历史烙印。幸存至今，它们犹如遍体鳞伤的老人，诉说着自己的历史故事。诸尊罗汉像旁标有名谓木牌题榜，其中不乏国内外历史上的高僧大师，甚至有些是明代以后的高僧。"木牌是1931至1934年该寺僧人大文所挂。1956年曾访问过他。据称在挂这次题榜之前，原有木质牌位分置于各罗汉之前，因年久有的遗失，故重新写了现在的木牌钉在墙上；对原已遗失木牌的，即随便从佛经上查了几个罗汉名字给予添补，所填补者皆为梵僧姓名，中国的高僧与祖师都是依据原来牌位重写。因而木牌上的题名并不可靠……题榜名称与塑像仪容有些是符合的。"① 从该文中可知，有的罗汉像与悬挂的名谓题榜随着历史的沉浮已张冠李戴，在此我们不做深入探究。今天，根

---

① 张鹤云：《长清灵岩寺古代塑像考》，《文物》文物出版社，1959年第12期，第3页。

据每尊罗汉像整体或各部分遗留的时代信息与历史文化元素，科学断定其历史年代，是研究罗汉像的重中之重。合理、客观、科学地为每尊造像确定年代，有利于今后对其宣传、保护及研究的开展。

每经历一次灾难，罗汉像便会遭受一次或轻或重的损毁，人们就会在受损部位加以补塑，这使得很多罗汉像成为含有多元历史文化因素的个体。因此，分清历代补塑结构和文化元素比重是造像断代的主要依据。《山东长清灵岩寺罗汉像的塑制年代及有关问题》是20世纪80年代初维修罗汉像的成果文章，它将二十七尊罗汉像定为宋塑，但尚未说出断代的具体依据，亦未明确指出具体部位的断代文化元素。根据参与维修工作人员的工作日记描述，他们只是对每尊罗汉像的腔体进行了探视，没有探视头颅。依据解剖部位及出土遗物，该文章中所称的"宋塑"指的应是身躯部分为宋塑，专业人士的探测研究应是可信的。文章所指宋塑中尚不包括东4、9、11号，但三者腔体内分别出土了宋代缠枝花草、双凤、莲花铜镜，故此，三者身躯亦应为宋代泥塑，宋塑身躯由此扩展至三十尊。剩余十尊与宋塑躯体比对，西20、东10号颇为相近，应为宋代作品。至此，我们已能完整找出明万历十六年重修千佛殿后千佛殿承接的"莲花座上依然三十二相之庄严"规模。剩余罗汉像西4、7、9、11号，东3、6、12、18号为明代补塑。确定的三十二尊罗汉像上身躯体是宋代的，其头颅和下体衣裾部分均有补塑。下体衣裾脆弱，搬迁多有脱落，多为明代补塑，可忽略不计。故此，头颅及身躯的塑制年代成为确定罗汉像断代的重要依据。其执行标准为：身躯、头颅相同者，即确定为同一年代；身躯与头颅相异者，以出现时间晚者来确定造像年代。其方法：根据身躯、头颅面相与颈胸结构状况，我们从中归纳出历代造像特征。

（一）宋代罗汉像头颅（图111）主要特征

西1：头颅宽大，头顶宽阔，眉弓粗壮，额线深陷，颧骨宽大高耸，面颊上下显长，小眼睛。脖颈喉结、甲状软骨略有呈现，脖颈与身躯结构自然，没有分离痕迹，当属造像的原始作品，是《山东长清灵岩寺罗汉像的塑制年代及有关问题》成果文章中明确的宋塑之一。双腿结跏与身躯不显协调，为明万历时期补塑，保持明万历妆。胸襟及右臂敷蓝色彩绘为清康熙间所为。

西2：头颅宽大，头顶宽阔，眉弓粗壮，凝眉蹙目，额线深陷，颧骨宽大高耸，面颊上下显长，小眼睛。嘴角外侧肌肉褶皱弧形，神情凝重。脖颈喉结、甲状软骨、颈动脉、锁骨及颈三角皆有明显的呈现，颈胸结构自然，没有分离痕迹，是成果文章中明确的宋塑之一，当属造像的原始作品。保持明代万历妆。胸襟及右臂深褐色及"寿"字为清代同治年间所为。

西3：头颅宽大，头顶宽阔，眉弓粗壮，凝眉，额线深陷，颧骨宽大高耸，小眼睛。脖颈喉结、甲状软骨、颈动脉、锁骨及颈三角皆有明显的呈现，颈胸结构自然，没有分离痕迹，是成果文章中明确的宋塑之一，当属造像的原始作品。腰际以上（除双手外）为宋塑原作。双腿粗壮臃肿，与身躯甚不协调，为明代万历间补塑。通体彩绘为清代康熙间所为。

西6：头颅宽大，头顶宽阔，眉弓粗壮，额线深陷，颧骨宽大高耸，脖

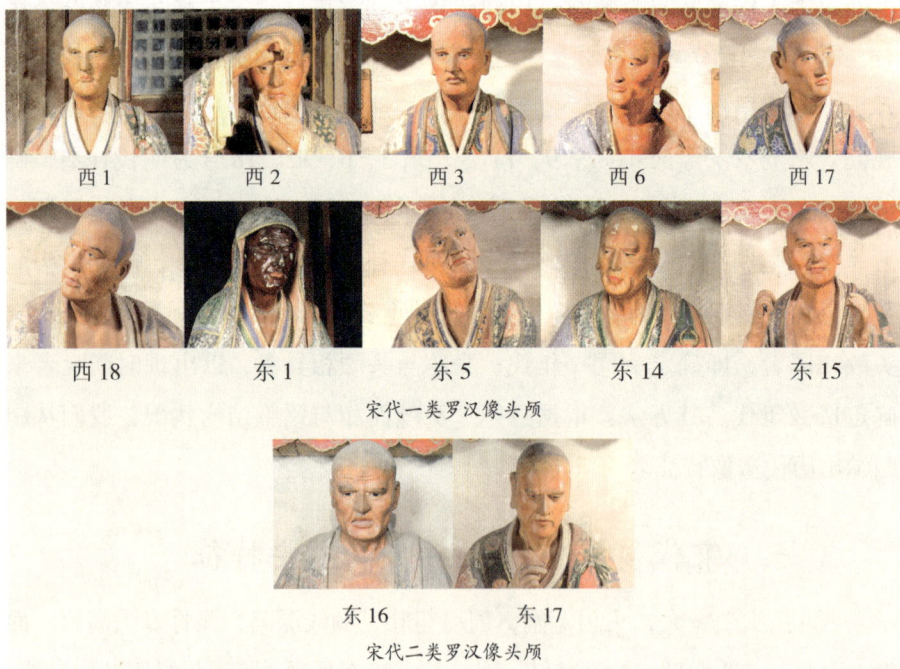

| 西1 | 西2 | 西3 | 西6 | 西17 |

| 西18 | 东1 | 东5 | 东14 | 东15 |

宋代一类罗汉像头颅

| 东16 | 东17 |

宋代二类罗汉像头颅

图111 宋代罗汉像头颅

颈喉结、甲状软骨、大动脉、锁骨、颈三角、肋骨皆有呈现，颈胸结合部有复置修理痕迹，尚且自然。左臂搭置的袈裟贴金立粉，甚显庄重，应是作品的原始上衣。原始作品是解脱上身袈裟搭置左臂，袒露上身，是成果文章中明确的宋塑之一。身着蓝色为主的补丁叠加彩绘袈裟，短小紧密，与宽大疏松的下身裙裾不能相称，为清代康熙时补塑、敷彩。

西17：头颅宽大，头顶宽阔，眉弓粗壮，额线深陷，颧骨宽大高耸，脖颈喉结、甲状软骨、颈动脉、锁骨、颈三角、肋骨皆有呈现，颈胸结构自然，没有分离痕迹，是成果文章中明确的宋塑之一，当属造像的原始作品。衣领、左臂保持明代妆，右臂蓝色彩绘为清代康熙间所为。

西18：头颅宽大，头顶宽阔，眉弓粗壮，额线深陷，颧骨宽大高耸，脖颈喉结、甲状软骨、颈动脉、锁骨、颈三角及肋骨皆有表现。颈胸结合部有修复痕迹，尚且自然，是成果文章中明确的宋塑之一，当属造像的原始作品。左侧为清代康熙年间妆，右侧为清代同治年间彩。

东1：头颅额际宽大，眉弓粗壮，额线深陷，闭目深思，颧骨宽大高耸，脖颈喉结、甲状软骨、颈动脉、锁骨、颈三角及肋骨皆有显示。颈胸结合部虽显生硬，但尚且自然，是成果文章中明确的宋塑之一，当属造像的原始作品。通体保持清代康熙年间彩绘，裸露的皮肤深褐色为清代同治年间所为。

东5：额际宽大，头顶宽阔，眉弓粗壮，额线深陷，神情傲慢，颧骨宽大高耸，脖颈喉结、甲状软骨及颈动脉有表现，颈胸结合自然，是成果文章中明确的宋塑之一，当属造像的原始作品。保持清代康熙年间妆，右臂褐色为清代同治年间漫涂。

东14：头颅宽大，头顶宽阔，眉弓粗壮，额线深陷，神情端庄，颧骨宽大高耸，脖颈喉结、甲状软骨、颈动脉、锁骨、颈三角、侧三角及肋骨皆有展示，颈胸结构自然，没有复置痕迹，是成果文章中明确的宋塑之一，当属造像的原始作品。通体彩绘为清代康熙年间所为。

东15：头颅宽大，头顶宽阔，眉弓粗壮，额线深陷，颧骨宽大高耸，脖颈喉结、甲状软骨、颈动脉、锁骨、颈三角、侧三角及胸前肋骨皆有显示。颈胸结合生硬，喉结、锁骨塑制不到位，头、身均为原作，重植安装，是成果文章中明确的宋塑之一。结跏的双腿显瘦小，为明代万历年间所补塑。通体保持清代康熙年间彩绘。

东16：头颅宽大，头顶宽阔，眉弓略显粗壮，额线深陷，颧骨宽大高耸，神情悲痛，脖颈喉结、甲状软骨、颈动脉、锁骨、颈三角、侧三角及裸露胸前的肋骨皆有明显的展现，当属造像原始作品。颈胸结构自然，无分离痕迹，是成果文章中明确的宋塑之一。左臂保留明代万历妆，其余被清代康熙彩所覆盖。

东17：头颅宽大，头顶宽阔，眉弓略显粗壮，额线深陷，颧骨宽大，神情悲观凝重，脖颈喉结、甲状软骨、颈动脉、锁骨、颈三角、侧三角皆有显示，当属造像原始之作品。颈胸结构自然，无分离痕迹，是成果文章中明确的宋塑之一。保持明代妆，右臂着清代同治年间彩，饰"福"三字。

该类造像的身躯及头颅皆为原始作品，确定为宋代塑像。从该组塑像面孔的表情及神态又分为两类。一类：西1、2、3、6、17、18号，东1、5、14、15号，脸庞几近相同，表情冷酷，神情凝重，形似蒙古人种。二类：东16、17号，脸庞汉人形象，皆神情悲痛哭泣，鼻涕流淌，深显脖颈喉结、甲状软骨、颈动脉、锁骨、颈三角、侧三角结构，雕塑风格近同，是塑像中之佳作。由此说明，宋代始塑工程由两位雕塑大师共同完成任务。根据西17号出土的墨书题记，一类作品是"齐州临邑盖忠"所作，二类作品是另一位大师的杰作。

（二）金代罗汉像头颅（图112）主要特征

西13：头颅额际方圆饱满，头顶浑圆，双目深凹，颧骨宽大圆润，两颐肌肉丰腴，头颅与其他（宋塑以外）比对有较早的艺术风范。脖颈有喉结、甲状软骨及颈动脉展现，但不明显，当属金代所作。颈胸结合不显自然，有较轻复置头颅痕迹，是成果文章中明确的宋塑之一。左臂披帛巾保留明代万历年间妆，其余覆盖清代康熙年间彩。

西16：头颅额际方圆饱满，头顶浑圆，颧骨宽大圆润，两颐肌肉丰腴，脖颈显肥，无喉结、甲状软骨展现，当属金代作品。颈胸结合部不显自然，

| 西13 | 西16 | 西19 | 西20 |
| 东3 | 东7 | 东8 | 东9 |

图112　金代罗汉像头颅

有较轻复置头颅痕迹，是成果文章中明确的宋塑之一。左臂保留明代万历年间妆，其余着清代康熙年间彩，裸露皮肤深褐色为清同治年间敷。

西19：头颅额际方圆饱满，头顶浑圆，颧骨宽大润圆，两颐肌肉丰腴，脖颈粗浑臃肿，不显喉结、甲状软骨结构，当属金代作品。颈胸结合部不显自然，有较轻复置头颅痕迹，是成果文章中明确的宋塑之一。左臂内侧保持明代万历年间妆，其余着清代康熙年间妆彩。

西20：头颅方形，大而饱满，五官端正，颧骨圆滑宽大，两颐肌肉丰盈，嘴窄唇薄微启，脖颈较显粗壮，略有肉线纹、喉结、甲状软骨及颈动脉，风格为金代遗存。颈胸结合略显生硬，有较轻安置头颅痕迹，裸露胸部平坦无饰，身躯经比对定为宋代塑制。保持明代妆，右臂着清代康熙年间彩。

东3：头颅额际方圆饱满，头顶浑圆，双目凹陷，颧骨肥大圆润，两颐肌肉丰腴，脖颈短粗，喉结、甲状软骨略有显示，属金代作品。颈胸结合部有明显的头颅复置痕迹，锁骨表现不准确，裸露的胸部肋骨粗壮，不显精准，身躯松垮，该尊为明代补塑。通体保持清代康熙年间彩。

东7：头颅额际方圆饱满，头顶浑圆，双目深凹，颧骨肌肉凸起，两颐肌肉深陷，脖颈短粗，喉结、甲状软骨不明显，呈金代风格。颈胸结合处有头颅复置迹象，锁骨表现不准确，裸露胸部肋骨粗壮，不显精准，是成果文章中明确的宋塑之一，保持清代康熙年间妆，右臂深褐色漫涂为清代同治年间所为。

东8：头颅方圆饱满，头顶浑圆，双目深凹，颧骨肥大圆润，两颐肌肉丰腴，脖颈粗壮，略有喉结、甲状软骨显示，颈胸结合部有复置痕迹，属金代作品。颈胸结合生硬，裸露胸部平坦无饰，是成果文章中明确的宋塑之一。通体为清代康熙年间妆覆盖。

东9：头颅方圆饱满，头顶浑圆，双目深凹，额线深陷，颧骨宽大凸显，两颐肌肉饱满，脖颈略有喉结显现，为金代作品。颈胸结合生硬，有头颅复置痕迹，身躯亦为宋代所塑制。通体保持明代妆，右臂着清代康熙年间彩。

该类造像头型近同，面目神态有些相异。西13、16、20号，东3、8号面容肌肉放松，近于平和，心态趋于平静。西19号，东7、9号面容肌肉紧缩，表情严肃紧张。金代罗汉像遭劫后，保存下来的宋塑近半，其余塑像为金代修复安置头颅。东3为明代万历迁移时将多余的金代头颅移植于增补的明代身躯之上，保守定位为明代作品。其余七尊断代定为金代为妥。

（三）元代罗汉像头颅（图113）主要特征

西5：头颅浑圆饱满，五官端正俊秀，双目较显细小，文静恬淡，心境平和，颧骨匀称适中，两颐丰盈，为元代塑制。脖颈有肉线纹，颈胸结合生硬，有明显复置痕迹，是成果文章中明确的宋塑之一。保持明代万历年间妆，右臂外侧着清代康熙年间墨绿色。

西7：头颅长方饱满，头顶浑圆，眼睛细小，鼻嘴小巧，两颐狭长丰腴。脖颈有肉线纹，略显喉结、颈动脉，为元代作品。颈胸结合颇为生硬，有复置痕迹。身躯为明万历时补塑。保持明万历年间彩，右臂外着清康熙年间妆。

西8：头形长方饱满，头顶浑圆，眼小目细，两颐狭长丰腴。脖颈有双肉线纹，不显喉结、甲状软骨，为元代作品。颈胸结合生硬，有复置痕

西 5　　　　西 12　　　　东 2　　　　东 6

东 10　　　　东 11　　　　东 19　　　　东 20

元代一类罗汉像头颅

西 7　　　　西 8　　　　西 10

西 14　　　　西 15　　　　东 12　　　　东 13

元代二类罗汉像头颅

图 113　元代罗汉像头颅

迹。身躯是成果文章中明确的宋塑之一。保持明代妆，右臂深褐色及露肤为清代同治年间所为。

西10：头颅长方饱满，头顶浑圆，双目细小，两颐狭长丰腴，鼻短口小。脖颈有肉线纹，不显喉结、甲状软骨，为元代遗作。颈胸结合生硬，有复置痕迹。裸露胸部平坦无饰，是成果文章中明确的宋塑之一。保持明代万历年间彩，右臂深褐色为清代同治年间所为。

西12：头颅浑圆饱满，五官端正俊秀，双目较显细小，文静恬淡，心境平和，颧骨匀称适中，两颐丰盈，为元代塑制。脖颈有肉线纹，颈胸结合颇显生硬，有明显的复置痕迹，是成果文章中明确的宋塑之一。保持明代万历年间妆，右臂褐色是清代同治年间所为。

西14：头颅长方饱满，头顶浑圆，双目细小，两颐狭长丰腴，鼻短口小。脖颈有肉线纹，不显喉结、甲状软骨，为元代作品。颈胸结合生硬，有复置痕迹。裸露胸部平坦无饰，是成果文章中明确的宋塑之一。保持明代万历年间妆，右臂外侧着现代红妆。

西15：头颅长方饱满，头顶浑圆，双目细小，两颐狭长丰腴，鼻短口小。脖颈有肉线纹，不显喉结、甲状软骨，为元代作品。颈胸结合生硬，有复置头颅迹象。裸露胸部平坦无饰，是成果文章中明确的宋塑之一。不显左腿的存在，为明代万历间搬迁补塑为之。左侧保持明代万历间妆，右侧着清代康熙年间彩。

东2：头颅浑圆饱满，五官端正，双目较显细小，颧骨匀称适中，两颐丰盈，为元代作品。脖颈略显喉结、甲状软骨及颈动脉，颈胸结合颇为生硬，有复置痕迹，是成果文章中明确的宋塑之一。通体保持清代康熙年间妆彩。

东6：头颅浑圆饱满，五官端正，双目较显细小，文静恬淡，心境平和。颧骨匀称适中，两颐丰盈，脖颈有肉线纹，不显喉结、甲状软骨及颈动脉，为元代作品。颈胸结合颇为生硬，有复置痕迹，身躯为明代补塑。通体保持清代康熙年间妆彩。

东10：头颅浑圆饱满，五官端正，双目较显细小，颧骨匀称适中，两颐丰盈，脖颈有肉线纹，略有颈动脉显示，为元代作品。颈胸间有复置痕迹，身躯定为宋塑。保持明代万历间妆，右臂着清代康熙年间彩。

东11：头颅浑圆饱满，五官端正，双目较显细小，颧骨匀称适中，两颐丰盈，脖颈有肉线纹，略有颈动脉显示，为元代作品。颈胸有复置痕迹，身躯为宋代塑制。左侧明代万历间彩，右侧清代康熙年间妆。

东12：头颅长方饱满，头顶浑圆，双目细小，两颐狭长丰腴，鼻短口小；脖颈不显喉结、甲状软骨，为元代作品。颈胸结合生硬，有复置头颅迹象。裸露胸部平坦无饰，身躯为明代万历时补塑。通体敷清代康熙年间彩绘。

东13：头颅长方饱满，头顶浑圆，双目细小，两颐狭长丰腴，鼻短口小。脖颈有三道肉线纹，不显喉结、甲状软骨，为元代作品。颈胸结合生硬，有复置头颅迹象。裸露胸部平坦无饰，是成果文章中明确的宋塑之一。通体保持明代万历年间彩妆。

东19：头颅浑圆饱满，五官端正，双目较显细小，文静恬淡，心境平和。颧骨匀称，两颐丰盈，脖颈有肉线纹，不显喉结、甲状软骨，为元代作品。颈胸结合较为生硬，复置痕迹明显，是成果文章中明确的宋塑之一。左侧施明代万历年间彩，右侧着清代康熙年间妆。

东20：头颅浑圆饱满，五官端正，双目细小，文静恬淡，心境平和。颧骨匀称，两颐丰盈，脖颈略呈肉线纹，不显喉结、甲状软骨，为元代作品。颈胸结合较为生硬，有复置痕迹，是成果文章中明确的宋塑之一。双腿结跏短小，为明代万历时补塑。保持明代万历年间妆，右臂着清代康熙年间彩。

该组造像于元代遭难后，经元致和元年（1328年）的修复工程，基本定格于元代及以前的三十二尊罗汉像规模。元代头颅从面相上可分为两类。一类是西5、12号，东2、6、10、11、19、20号，相貌相对一致，形象近同，雕塑手法相近，面容温文尔雅，文静恬淡，应属于同一个雕塑师的作品。二类是西7、8、10、14、15号，东12、13号，相貌雷同，面相温和，心境平静，长脸细目，雕塑技法雷同，为另一位雕塑师的杰作。故知，元代罗汉像的修复工程由两个雕塑师完成。其中的西7号，东6、12号为明代万历年间补塑身躯，安置元代头颅，整躯时代定为明代作品。其余皆为宋身元头，均断定时代为元代遗作。

（四）明代罗汉像头颅（图114）主要特征

西4：头颅额际浑圆，颧骨宽大圆润，两颊丰腴。脖颈略有喉结、甲状软骨、锁骨之展现，但显示位置不准确。身躯僵硬，神情木讷，为明万历时所补塑。保持明代万历时妆，露肤褐色为清代同治年间敷，右臂为今人涂漆。

西9：头颅方形，大而饱满，五官端正，双目显大，两颊肥胖丰盈。脖颈有肉线纹，不显喉结、甲状软骨及颈动脉。颈胸结合生硬，裸露胸部不显讲究，整具身躯为明代万历年间迁移时所补塑。左侧保持明代万历年间彩，衣领及右侧为清代康熙年间妆。

西11：头颅方形，大而饱满，五官端正，两颊肥胖丰盈。脖颈有肉线纹，不显喉结、甲状软骨及颈动脉。颈胸结合生硬，裸露胸部不显讲究。20世纪80年代修复工程自此取出宋神宗熙宁三年（1070年）铁质罗汉像，代替木骨支架作用。其泥塑为明代作品，明代万历年间迁移时所塑。通体保持清代康熙间妆。

西4　　　　西9

西11　　　　东4　　　　东18

图114　明代罗汉像头颅

东4：头颅方形，大而饱满，五官适中，两颊肥胖丰盈。脖颈较显粗壮，略显喉结、甲状软骨及颈动脉。颈胸结合生硬，有明显的头颅复置痕迹。身躯为宋塑，明万历时安置头颅，整躯定为明代作品。通体保持清代康熙年间妆彩。

东18：头颅方形，大而饱满，五官适中，两颊肥胖丰盈。脖颈有肉线纹，颈胸结合较为自然，裸露胸部不显锁骨结构，平坦无饰。此尊乃明万历时所补塑。左侧为明代万历年间彩，衣领及右侧为清代康熙年间妆。

该组造像以西11号出土的铁质罗汉像为明代泥胎造像标准，以其头颅风格比对出西4、9、11号，东4、18号造像为同时期作品。后四者头型、神态、塑制技法近同，应出自同一雕塑师之手。西4头型、面容有些异样，身躯、头颅古板，神情木讷，应为另一位工匠塑制。故知，该工程也是由两位雕塑师完成。它们皆为明代万历间迁移罗汉像时所补塑。

综合以上罗汉像的特点规律，有如下认识。

1. 罗汉像高度在一定范围内。

座台平面以上的身躯高度界定于1.01—1.13米，足台面至须弥座台面高为0.44米，诸尊罗汉像座台面以下是相同的高度，此限定了历代补塑罗汉像下体的长短，使得每尊罗汉像的身躯比例非常精准。

2. 腰际以下基本为明代补塑。

多尊造像下肢与身体比例不协调，因台面拐弯膝盖处是最脆弱部位，遇有灾难，即断其位，后人不间断地修补，导致诸尊罗汉像的下肢异于身躯。笔者参与了20世纪80年代维修罗汉前期的调查工作，当时半数以上自台面弯处断裂垂至地面，惨不忍睹。明代前期因般舟殿多年失修存有安全隐患，在这种情况下，万历年间将罗汉像移居于千佛殿，遇有大搬迁这样的事件，罗汉像脆弱的下体大多脱落，所以迁移后下肢及衣裾部位多为明万历时补塑。

3. 潮湿环境影响坐台和罗汉像。

由于千佛殿周围三崖围绕，环境恶劣，沉积的水汽不易排掉，导致水汽弥漫，地面潮湿，虹吸现象致使台座及罗汉像下体潮湿，滋生霉菌，腐蚀下体，下体均显示不出妆彩。

4. "贴金立粉"工艺制作的敷彩，是一次普遍覆盖早期彩绘的活动。

明代万历十六年迁移千佛殿，是罗汉群大修、补塑和妆銮的重要内容，此次敷彩，覆盖了早期彩绘，现今风格具明代风范。清代康熙五十三年（1714年）净意和尚重修千佛殿时对罗汉像进行部分妆銮，部分造像敷彩领口及右侧，以蓝地红花缠枝图案为主题，覆盖明代的贴金立粉彩或重彩。其左侧及部分胸部仍保留明代立粉彩绘。清代同治十三年（1874年）寺僧用两千七百两银重修千佛殿时为塑像妆銮，多在造像的右臂内外、右腋下及露肤部位漫涂深褐色，右臂外饰以开光"寿""佛""福""万"等字。从数量上看，西侧保留有一定数量的明彩，东侧多集中为清康熙彩，清同治敷彩为跳跃式呈现，只是涂抹，基本没有图案彩绘和更多其他的遗迹。清代两次敷彩皆选择造像右侧，大概是多数罗汉像左肩有靓丽的吊装和帛巾彩绘的缘故。

5. 对罗汉像由表及里的分层分析。

20世纪初维修罗汉像解剖西13尊箱体左侧部位由表及里逐层发现共有七层，分别取样分析："（1）彩绘层：白地上有黄、蓝、粉红等色；（2）棉花泥层：厚0.5厘米。总重6.6克，其中棉花0.76%，砂粒53.03%，黄土46.21%。（3）彩绘层：白地上有绿色。"[1]

第三层以下还有麦糠泥、棉花泥四层。从分析层中发现第三层"彩绘层白地上有绿色"是早期彩绘层，其造像体量是揭去彩绘层、棉花泥层后的效果，说明后世有附加体胎的作为。根据金、元两次劫难，元代"圣贤尽身雨倒"，罗汉像遭雨水侵蚀受损严重，应是整体补胎、重彩的最大可能。

6. 关于头颅的认定方法。

第一步：比对、鉴定头颅为宋代风格者，考究宋代身躯颈胸结构无复置痕迹，构造自然，断为宋代的始塑作品十二尊：西1、2、3、6、17、18号，东1、5、14、15、16、17号。

---

① 胡继高：《山东长清灵岩寺彩色泥塑罗汉像的修复》，《考古》1983年第11期，第1032页。

第二步：根据西 11 号体内出土宋代铁质罗汉像，认定其胎为明塑，寻找雷同头像，对接明代或早期身躯，考究出明代造像 9 尊：西 4、7、9、11 号，东 3、4、6、12、18 号。

第三步：头大额浑，眉骨粗壮，深眼凹目，安置于宋代身躯者，且略有呈现的颈胸结构，其明显早于剩余的作品，故命之为金代作品七尊：西 13、16、19、20 号，东 7、8、9 号。

第四步：剩余造像按照历史灾难所示，唯剩元代作品，虽面容二类，但颈胸结构同，显示肉线纹，复置痕迹明显，特点雷同，有十二尊：西 5、8、10、12、14、15 号，东 2、10、11、13、19、20 号。

各个时代的头颅，对应不同时代的身躯，笔者择其近代者断其年代。经过综合分析、考证，对灵岩寺千佛殿彩色泥塑罗汉像有了客观、公正、科学的论断（见灵岩寺罗汉像文化因素断代表一、二），如释重负。

灵岩寺罗汉像文化因素断代表（表一）

编号	身躯	头颅	颈胸结合	断代	备注
西 1	宋（文）	宋	完美自然	宋	双腿交叠不显形制，颇为生硬
西 2	宋（文）	宋	完美自然	宋	开光书以蓝色"寿"字
西 3	宋（文）	宋	完美自然	宋	开光书以"万"和"佛"字
西 4	明	明	生硬	明	右臂短小，为清康熙时补塑
西 5	宋（文）	元	复置	元	不显示左腿存在
西 6	宋（文）	宋	完美自然	宋	原作上身裸露，上衣搭至左臂
西 7	明	元	复置	明	右臂开光蓝色云朵
西 8	宋（文）	元	复置	元	不显示左腿存在
西 9	明	明	生硬	明	左臂倚矮墙
西 10	宋（文）	元	复置	元	

西11	明	明	生硬	明	铁罗汉出于此，形态雷同
西12	宋（文）	元	复置	元	右臂上书以"寿"字
西13	宋（文）	金	复置	金	右臂为明万历时补塑
西14	宋（文）	元	复置	元	
西15	宋（文）	元	复置	元	不显左腿存在，明补塑时所为
西16	宋（文）	金	复置	金	
西17	宋（文）	宋	完美自然	宋	出土墨书题记
西18	宋（文）	宋	完美自然	宋	左腿折立于台座上，肩臂书蓝色"佛"字
西19	宋（文）	金	复置	金	背倚椅栏
西20	宋（推）	金	复置	金	

灵岩寺罗汉像文化因素断代表（表二）

编号	身躯	头颅	颈胸结合	断代	备注
东1	宋（文）	宋	复置	宋	头顶帛巾
东2	宋（文）	元	复置	元	右臂外侧开光竹子、兰草
东3	明	金	复置	明	左臂倚椅栏
东4	宋（物）	明	复置	明	
东5	宋（文）	宋	完美自然	宋	
东6	明	元	复置	明	
东7	宋（文）	金	复置	金	右手明代补塑，双膝立粉"万""寿"字
东8	宋（文）	金	复置	金	左臂倚矮墙
东9	宋（物）	金	复置	金	双腿结跏趺谨，为明补塑
东10	宋（推）	元	复置	元	
东11	宋（物）	元	复置	元	右臂左膝开光蓝色云纹

东 12	明	元	复置	明	左臂倚椅栏
东 13	宋（文）	元	复置	元	双腿结跏细小，为明代补塑
东 14	宋（文）	宋	完美自然	宋	
东 15	宋（文）	宋	复置	宋	双腿结跏比例失调，明代补塑
东 16	宋（文）	宋	完美自然	宋	悲痛状，表情淋漓尽致
东 17	宋（文）	宋	完美自然	宋	悲痛状，表情淋漓尽致，右臂立粉"福"字
东 18	明	明	较为自然	明	
东 19	宋（文）	元	复置	元	
东 20	宋（文）	元	复置	元	双腿短小，明代补塑

注释：

[1]"身躯"栏的"宋（文）"，为《山东长清灵岩寺罗汉像的塑制年代及有关问题》文中明确的宋代身躯；"宋（物）"为1981—1983年维修时出土宋代铜镜；"宋（推）"是纵观身躯的风格推断之。

[2]"颈胸结合"栏的"复置"，是指有安接痕迹。"完美自然"是指没有安接痕迹。

[3]断代依据：根据身躯、头颅年代的下限为准。

五、罗汉像产生的时代背景

罗汉，又称"阿罗汉"，初是小乘佛教修行的最高果位。"阿罗汉果"即是尽断三界见、修二惑所达到的果位，是修行的顶端，用"三义"释为断绝烦恼、接受天人供养、永远进入涅槃，不再生死轮回，传入中国成为佛教修行的中间果位，居于人和神之间的偶像，再升华即可达到菩萨果位，脱离自然人的形态，步入神界，成为佛教神面形象。罗汉形象还是修行的高僧，是现实中人的形态，有着人性表现的喜怒哀乐，以真实僧人的形象显现，更能体现人体艺术魅力及精神状态。高超的雕塑工艺使得造像神情惟妙惟肖，形象淋漓尽致，线条优美流畅。罗汉形象构成庞大的艺术载体，在历史长河中被传颂，这也正是其魅力所在。

"灵岩观音道场"文化于隋代确立，至宋代得以复兴，其影响波及全国，灵岩寺罗汉像受这种历史文化背景影响，纵观灵岩寺罗汉像，宋张公亮《齐州景德灵岩寺记》载："前有洞，东西南三门相通，中设罗汉像。"由此可见，宋代前期鲁班洞内有罗汉像的存在。千佛殿西 11 号罗汉像内发现的宋熙宁三年（1070 年）铁质罗汉像，天王殿东侧有宋宣和六年（1124 年）"施五百罗汉记"碑载有木质贴金罗汉五百尊。罗汉像是佛教中的群体组合，唐代以前为十六尊，宋代增加至十八尊，资料显示宋代的灵岩寺竟有如此规模的罗汉造像群，不是偶然的，说明宋代的灵岩寺对罗汉阶段的修行是非常重视的，这与宋代复兴的"观音道场"文化和南、北禅交替有关。

唐开元年间（713—741年），中国佛教禅宗分裂为南、北两派。北方以神秀高僧为主修的方式是"渐悟"，认为佛的境界很高，要经过多年的修行历练，才能达到开悟佛祖的境界。而南方以慧能和尚主修的方式为"顿悟"，修行者以前不论有多少是非，只要佛心萌生，一心专修，就能立马开悟，修行成佛。禅宗五祖弘忍将传法衣钵传给慧能，使其在佛法的规程上具备承袭禅宗六祖的客观条件。但神秀不服，各执己见，二僧划江而治，正式对垒，各自演说自己的修行主张，构成以"南顿北渐"为特征的中国南、北两派禅宗。长江以南属慧能"顿悟"的势力范围，长江以北是神秀"渐悟"的弘法阵地。李吉甫于唐元和年间（806—820年）编纂《十道图》命"齐之灵岩（山东济南灵岩寺）、润之栖霞（江苏南京栖霞寺）、台之国清（浙江天台国清寺）、荆之玉泉（湖北江陵玉泉寺）合称四绝"。唐代的"四大名刹"引领全国佛教发展走向，禅宗南派以江南"三绝"为根据地，大肆宣扬"顿悟"佛教文化。而唯一居于江北的灵岩寺，在北方标有旗帜作用，是当时社会地位所决定的，成为北派"渐悟"修行的主要道场，统领江北地区与南派对抗，在理论上据理抗争，出现一些佛教著作，如隋唐灵岩寺高僧道因著有《涅槃》《法华》《楞伽》等；在行为上供奉、主祀罗汉偶像，把罗汉果段看作是苦修、"渐悟"的修行阶段，强调超越罗汉果位才能开悟达到菩萨等级，脱离自然人的形态进入神的境界。故此，罗汉果位的修行是非常重要的修行阶段，是北禅所要宣扬的内容。

《宋高僧传》卷八载："先是秀师悬记之：'汝与少皞之墟有缘。'寻入泰山数年，学者臻萃，供亿克周，为金舆谷朗公行化之亚也。一日，告门人曰：'吾今老朽，物极有归，正是其时。'言讫而终，春秋九十一矣。"唐开元中，北禅宗师神秀派降魔藏前往"少皞之墟"（泛指齐鲁）入灵岩，门徒群集，开堂演法，名声大噪，被称为"僧朗之亚"，终年九十一岁。降魔藏是神秀高僧的得意弟子，禅宗两派分裂之际，预示着争斗和打击对方的开始，在这个关键时期神秀派降魔禅师前来住持灵岩，其主要任务是加强掌控灵岩寺北禅的势力，巩固、捍卫灵岩寺原有的宗派道场，严守这块多年的根据地。这说明，灵岩寺已成为当时反击南禅的重要基地。由此可知，神秀把灵岩寺看得很重要。唐《封氏闻见记·饮茶》记载："开元中，泰山灵岩寺有降魔师大兴禅教，学禅务于不寐，又不夕食，皆恃其饮茶。人自怀挟，到处煮饮。从此转相仿效，逐成风俗。起自邹、齐、沧、棣，渐至京邑。城市多开店铺，煎茶卖之，不问道俗，投钱取饮。其茶自江淮而来，舟车相继，所在山积，色类甚多。"降魔禅师的禅教之法是"务于不寐，又不夕食"。因茶的功能有"止渴，令人不眠"的作用，故"皆恃其饮茶"，一时成为寺院的修行标记和时尚，出现"人自怀挟，到处煮饮，从此转相仿效，逐成风俗"的景象。继而发展，禅茶习俗风疾京邑之间沿途，致使"多开店铺，煎茶卖之，不问道俗，投钱取饮"，波及江北大部分地区，传为北方普及饮茶、品茶、茗茶的始端。

唐天宝元年李邕"灵岩寺碑颂并序"文末载："……大德僧净觉，敬惟诸佛□□。上座僧玄景、都维那僧克祥，寺主安禅，或上首解空，或出□□义。僧崇宪、僧罗喉、僧零范、僧月光、僧智海、僧□永言悟入。"净觉，乃盛唐时期的贵族僧，唐中宗韦皇后的族弟。《全唐文》卷三百二十七王维《大唐大安国寺故大德净觉禅师碑铭并序》载："中宗之时，后宫用事，女谒浸盛，主柄潜移。戚里之亲，同分圭组，属籍之外，亦绾银黄。况呼天伦，将议封拜，促尚方铸印，命尚书使备策。诘朝而五土开国，信缩而驷马朝天。禅师叹曰：昔我大师尚以菩提释位，今我小子欲以恩泽为侯，仁远乎哉，行之即是。裂裳裹足以宵遁，乞食糊口以兼行，入太行山，削发受具，寻某禅师故兰若居焉。"此乃神龙元年（705年）净觉隐遁到今河南安阳宝山灵泉寺出家，在此注释《金刚般若理经》一卷，撰写《楞伽师资记》，此二经卷后在敦煌藏经洞发现。净觉学禅先求师于神秀，于景龙二年（708年）赴东都洛阳拜玄赜门下。据《楞伽师资记》序云："禅宗五祖弘忍第三弟子玄赜将所持摩那袈裟、瓶钵、锡杖等，并留归嘱净觉禅师。比在两京广开禅法，王公道俗，皈依者无数。"开元十五年（727年）应邀，前往金州（今陕西安康）注解《般若心经》，从此以后就不见他的行踪记载了。今由李邕"灵岩寺碑颂并序"可知，开元末期净觉大师竟在灵岩寺传授禅法，甚是惊奇，这标识着灵岩道场北禅的存在和弘扬。唐开元、天宝之际，灵岩寺先后有降魔藏、净觉大师这样的高僧存在，显示出灵岩寺北禅的重要地位，成为南、北两禅对峙的桥头堡，是北禅重点加固的地方。

宋代，对于很多社会矛盾，朝廷不采取法制解决，没有相应的管理与应对能力，而是利用群众宗教信仰来缓解。日积月累，社会矛盾逐步激化，慢慢上升为部分民众与朝廷的对抗，以致"逼上梁山""打富济贫""行侠仗义"等农民起义不断出现。农民起义重点袭击当地的土豪、地主势力阶层，拥有四十平方公里私产田亩的灵岩寺[①]自然成为被窥视的目标。伪齐阜昌二年（1131年）"□建常住地界公据"碑（图43）载："先蒙朝廷拨赐山场地土，于乾德年立碑□说四至去处，沿为地畔广阔，被人侵占。"先朝（唐朝）时政府拨赐给灵岩寺的土地，至宋乾德年间（963—968年）开始被人侵占，寺院住持出现继任者危机，直至北宋朝廷于熙宁三年（1070年）颁赐"敕赐十方灵岩寺"碑，碑上讲："据僧永义状经府披诉，情愿吐退灵岩寺主。勘会齐州灵岩寺在山谷，去州县遥远，有僧、行一二百人，逐年四方烧香送供人施利至多，诸处浮浪聚集，兼本寺田庄不少，全藉有心力僧人住持主管。"由此可见，灵岩寺周围的管理环境严重恶化，朝廷下牒文诏告全国范围寻找"有心力僧人住持主管"灵岩寺，"在京或外处指摘僧五七人，同共前去充本寺掌事"。此举打破灵岩寺原有的"甲乙住持"宗派嗣承体制。碑中又载："灵岩寺素来最是凶恶浮浪聚集，前后□□七次住持不得。"颁诏敕牒碑前，由官选招任过七个永义一样的住持僧，均"住持不得"。由此可知，真正意义上打破"甲乙住持"模式应该自宋熙宁三年再往前推七任住持时就开始了，而敕牒碑的颁布，则是北禅在灵岩寺彻底消亡的标志。清《岱览》载有宋朝龙图阁直学士、尚书工部侍郎、群牧使张掞（济南历城人）赠永义赴任灵岩寺住持的《诗送新灵岩寺主义公上人》一诗："峨峨日观出云层，西麓灵庵寄佛乘。金地阙人安大众，玉京选士得高僧。双刀断腕群魔伏，钿轴存心奥义增。顾我旧山泉石美，渐除诸恶赖贤能。熙宁二年己酉岁中元日。"翌

---

① 王晶，刘丽丽：《山东长清灵岩寺地界石碑考略》，《东方考古》2015年第12期，第117页。

年，张掞又赠赴任灵岩寺住持的敕差首任僧行详《诗送敕差灵岩寺主大师详公赴寺》一诗："黄纸除书下九天，岱宗西麓镇金田。鹫峰肃肃臻多士，兰社熙熙抚众贤。像室光华辉晓月，禅心清净擢秋莲。山泉自此增高洁，云集十方结胜缘。熙宁三年白虎直岁九月十三日。"[①] 同一作者相隔一年两个月分别诗送前后赴任的官差灵岩寺住持永义和敕差灵岩寺住持行详，由此可知，官选永义住持的任职时间为一年两个月，也就是说，永义和永义之前的六任住持为官选，赴任情形类似，结局亦类似；而这种艰难状况直至敕差主持行详赴任才有所改变。

北禅视罗汉果位为非常重要的修行阶段，因此对罗汉形象的供奉成为强化北禅的牢固存在，罗汉是北禅产物。灵岩寺在当时的治理环境、经济状况和佛教发展背景下，彩色泥塑罗汉像群的规模出现，无疑是展现罗汉果位禅修意义之大动作，有孤注一掷的味道。鉴于对罗汉果位的认识，灵岩寺下决心强化罗汉像的形象和地位。尽管寺院周围的治理环境险恶，"浮浪之人"虎视眈眈，伺机兴浪，然灵岩寺毕竟是大寺，前来朝贡的信徒仍络绎不绝。宋代前期寺院经济相对稳定发展。宋张公亮《齐州景德灵岩寺记》载："寺之殿堂、廊庑、厨库、僧房间总五百四十，僧百，行童百有五十，举全数也。每岁孟春迄首夏，四向千里，居民老幼，匍匐而来，散财施宝，唯恐不及。岁入数千缗，斋粥之余，羡盈积多，以致计司管榷外台督责。寺僧纷扰，应接不暇，大违清净寂寞之本教。"朝廷拨赐大量土地，佛教徒对寺院道场捐资施舍，为灵岩寺带来巨大财富，也为大规模罗汉群的塑制积蓄了力量。在这种历史背景下，灵岩寺具备了塑制彩色泥塑罗汉像的条件和可能。于是，寺院寻找雕塑高手，经过若干年的精心策划与准备，终于在宋治平三年（1066年）完成了这一历史壮举。虽然寺院北禅勇于力作，高调提倡，但此举不能挽回北禅强弩之末之势，只能是北禅最后的呐喊和绝唱，却留下了众多罗汉像佛教艺术珍品。由此推断，罗汉像大规模塑制完成后的几年应是灵岩寺北禅的终节点。从塑制罗汉像的治平三年至朝廷

---

① 〔清〕唐仲冕：《岱览》卷二十五，嘉庆十二年果克山房刻本。

颁布"敕赐十方灵岩寺碑"的熙宁三年，只有四年时间，但有七位住持频繁更替任职灵岩寺，此七人乃官差灵岩寺住持，也是敕差前面最早打破"甲乙住持"北禅模式、最早冲撞北禅道场的行动执行僧人。"敕赐十方灵岩寺碑"牒文的颁布，标志着朝廷从法律层面加大了消除灵岩寺北禅的力度，随后灵岩寺被南禅势力掌控。

禅宗南派自唐玄宗开元年间裂变以来，经过晚唐、五代，直到宋代前期势力迅速发展，被历史确立为此后中国禅宗的正法代表。宋代是禅宗南派繁荣发展时期，禅宗南派在社会发展、信众需求不断完善中得以延续，形成了临济宗、曹洞宗、沩仰宗、云门宗、法眼宗五家和临济宗派生出的黄龙、杨岐两派，它们合称为"五家七宗"。灵岩寺自宋治平末年以来，官差和敕差的住持僧所信奉的宗派可知的先后有律宗（永义）、禅宗（行详）、云门宗（仰天玄公）、黄龙宗（守载，临济宗派生之一）、法眼宗（仁钦）、曹洞宗（法宝），以南禅为主唱，黄龙教与法眼宗互有交替，成为灵岩寺后半场的主角。

六、墨书题记中的雕塑大师

20世纪80年代文物部门对四十尊泥塑彩色罗汉像实施维修，在探视罗汉像腔体过程中，工作人员发现一具完整的丝质内脏、11面宋代铜镜、78枚隋至宋嘉祐年间的铜币。特别是在西17号罗汉腔体内，工作人员发现墨书题记"盖忠立，齐州临邑，治平三□六月"。这是关于罗汉像初始塑制年代的重大发现，它直接佐证了始制年代、作者及作者籍贯属地，堪称宝贵。查"盖忠"，史料无载，从题记中知晓他是山东临邑人，宋代始塑一类造像的作者。

这段墨书题记有如下特点：一是书写地点隐蔽；二是书写所使用的木板粗糙；三是书写字迹不规范，似是使用枝条蘸墨完成的；四是书写内容简洁且有缺失。从文字形成过程看，这段题记像是书者在有限的空间内仓促草书而就。由此推断，该题记不是塑制造像的工作内容，非施工方意愿，而是雕塑匠人盖忠利用工作之便，私将题记书写到罗汉腔体内壁上的。否则，其地点、书体、文字内容应规范得多。从题记内容的特点推论：一是盖忠祖籍临邑，他热爱家乡，故标注其祖籍；二是他随意书写，有江湖气息，应是民间雕塑艺术家；三是从其雕塑作品看，罗汉像形体较高，眼小眉骨粗壮，颧骨高耸，神情冷酷，似蒙古人种，说明盖忠常年从事雕塑活动于北方蒙古草原一带，是参与灵岩寺初始塑制罗汉像的大师之一。

七、罗汉像存在的现实意义

中国的传统绘画、造像艺术，至宋代达到鼎盛时期，出现了很多优秀作品。灵岩寺罗汉像雕塑，是这个时期的典型代表作，是我国宋代雕塑史上的巅峰杰作，尽管罗汉像有古印度高僧的名谓，但他们所表现出来的形貌皆为中国人形象。这里表现出的是地地道道的中国艺术元素，反映出中国传统历史文化。历代专家学者给予其高度评价，其在中国雕塑、美术、艺术史上具有重要地位。同时，灵岩寺罗汉像对研究灵岩寺佛教的教义、宗派及历史发展，都是重要的实物资料。灵岩寺罗汉像历尽沧桑，几经劫难，传承至今，实属不易，我们有义务保护好这批历史杰作，传承优秀的历史文化，为中华民族的传统文化事业做出贡献。

后 记

　　自2008年始，我找到了新的人生追求和努力方向，寻找一种清新淡雅、安然悠闲的生活模式，在快乐的环境中研究一门学问，以免退休后的生活空虚无聊。我找出了1981年参加国家文物局主办的"全国古建筑培训班"时的笔记和相关资料，系统研读起来，很多建筑方面的名词、术语竟然还没有忘记。也许是由于多年从政期间偶尔还写些小文章，参加一些上级文物部门组织的文物普查、专题考察等调研活动，我对培训资料和地上文物并不陌生，甚至感觉它们非常亲切。我细读笔记，对照释图，弄清本意，并做出课件，开始在业内小范围试探性地做些学术报告，不停地学习，不停地丰富课件内容，后来进入大专院校、文物科研部门做讲座，取得了良好的效果。同时，我尝试考察大型殿宇并撰写相关的文章，一发不可收拾。灵岩寺、神通寺这些重量级的建筑遗存深受国内外专家学者青睐，可还有许多文物保护单位被学术界忽视，后者恰成为我考察、研究的课题。于是，我对济南周围寺观和有结构特征的古建筑进行了调查研究并将成果撰文发表。当时我的研究思路是这样的：一是仅限于对济南域内的寺观文物进行考证；二是先不触及灵岩寺、神通寺这类遗存，因为这种规模体量的文物单位一旦研究起来就没有终点，对它们的研究可待我退休后用余生去做。

2019 年 6 月的一天，距退休还有一年半的时间，我突然接到一个电话，对方邀请我前往长清区委宣传部座谈。去后方知长清区委、区政府要出一部有学术深度和学术价值的关于灵岩寺内容的专著。我内心欣喜，涉及灵岩寺的研究课题提前来矣！在此后四年多的时间里，我多次实地考察，查阅大量历史文献，释读众多历代碑刻，研究历史发展演变，记录历史专题事件，考证遗存历史背景，断定文物历史年代，辨识建筑结构特征，纵横比较各事物相互之间的联系……这些工作促使我改变了对灵岩寺以往的看法，深深感受到了灵岩寺历史文化的厚重和其在历史中的地位、作用。这次委托济南出版社出版《灵岩寺千佛殿研究》一书，是在一位朋友的提示下做出的决定，也是我拟撰写的《灵岩寺历史文化研究》系列专著中的一部分，此举的目的是将灵岩寺现存文物之精华告知天下读者，以飨那些对千佛殿建筑及造像感兴趣的人，以便轻梓问路，就教达人。

书中罗汉像彩照是 1997 年由中国文化遗产研究院摄影师杨述先生、国家文物出版社孙之常先生拍摄。每尊罗汉像正投影比例线图是 1981—1984 年维修罗汉像工程期间，由济南市博物馆弭金冬、周群先生绘制的。由于这些线图是在修复工程进行中绘制的，有的造像当时还没有修复完毕，故图中有残肢断臂者；有的造像角度不易测绘，故缺少侧图，如西 13、14 号。罗汉像彩照是采用艺术性视角的随机而拍，绘图是固定角度的资料性正投影，所以两者视角不同，展示的效果和目的也不一样。书中把每尊罗汉像的这两种表现形式放在一起，是为了让读者更好地进行艺术欣赏和资料了解，二者并不能吻合。千佛殿建筑结构图由笔者原单位济南市考古研究院陈宾先生所绘制。三身佛正投影比例线图由济南市文化和旅游局刘善沂老师绘制。

在对千佛殿的考古调查中，我得到了灵岩寺旅游区服务中心人力、物力、资料上的全力支持。山东女子学院海右文化遗产研究院在学术上、资料查询上给予了我大量指导和无私援助，赵崇立院长还专门为拙作题写了书名，苏易安老师为本书内容简介进行了英文翻译。山东文旅集团有限公司也积极配合，有求必应，坚定支持拙作出版，并配合相关宣传工作。在以上相关单位的鼎力协助和同仁的帮助下，我经过考察、研究，最终撮集成本书。在此，我一并表示真诚的感谢。

　　济南出版社的领导大力支持该书出版，给予优惠政策，并选派专业人员参与设计、编校工作。特别是胡长粤编审、穆舰云编辑，为本书付梓付出了专业、艰辛的劳动。在此，我对他们致以诚挚的敬意。

　　原就职单位济南市考古研究院门生刘丽丽全程参与调查，细心于现场资料的记录。灵岩寺程智利先生在我每次前往调查时必定奉陪，解决我所不能之事宜，凡事必应，事事必解，任劳任怨。另有陈巧、张蕾同仁，他们也为拙作之成形立下汗马功劳，在此真心致谢。

　　笔者学识浅薄，摸着石头过河，凭借对文物的痴心热爱和诚挚情怀，在实践中边干边学，实属"草根"学者，考查、论证、撰写水平实在有限，文稿中定有不少错误和纰漏，敬请读者批评指正，吾将不胜感激。

王　晶

2024 年 6 月写于书斋静轩堂